SILIAO SHENGCHAN QIYE
XIANCHANG JIANCHA GAIYAO

饲料生产企业
现场检查概要

全国畜牧总站 编

中国农业出版社
北 京

图书在版编目（CIP）数据

饲料生产企业现场检查概要 / 全国畜牧总站编. 北京 : 中国农业出版社, 2025. 1. -- ISBN 978-7-109-32845-7

Ⅰ. F326.35

中国国家版本馆CIP数据核字第20259DH679号

饲料生产企业现场检查概要

SILIAO SHENGCHAN QIYE XIANCHANG JIANCHA GAIYAO

中国农业出版社出版

地址：北京市朝阳区麦子店街18号楼

邮编：100125

责任编辑：刘 伟 冀 刚

版式设计：王 晨　　责任校对：吴丽婷　　责任印制：王 宏

印刷：中农印务有限公司

版次：2025年1月第1版

印次：2025年1月北京第1次印刷

发行：新华书店北京发行所

开本：700mm × 1000mm　1/16

印张：8.5

字数：161千字

定价：68.00元

《饲料生产企业现场检查概要》

作者名单

主　　编：杨劲松　胡广东　单丽燕

副 主 编：李俊玲　牛智有　沈美雄　李会荣

参编人员（按姓氏笔画排序）：

刘　静　刘梅英　李燕松　杨　娟　张　芸

张　玮　张　娜　张　璐　陈　威　罗　峻

罗艺萌　徐　丽　郭　杰　郭吉原

审稿人员（按姓氏笔画排序）：

王卫国　王红英　卞荣星　孔凡德　冯鑫磊

苏晓鸥　李　俊　李宗明　李祥明　柏　凡

樊　霞

SILIAO SHENGCHAN QIYE XIANCHANG
JIANCHA GAIYAO

FOREWORD

前言

随着我国人民生活水平的不断提升，人民群众对农产品质量安全的关注度亦日益提高。饲料作为养殖环节的关键投入要素，其质量安全直接影响畜产品品质，与人民群众的饮食健康息息相关。因此，保障饲料质量安全，守护人民群众“舌尖上的安全”，已成为饲料行业从业人员及各级管理部门肩负的使命和责任。多年以来，我国不断健全和完善饲料法律法规体系，从《饲料和饲料添加剂管理条例》到《饲料质量安全管理规范》等一系列法规规章相继实施，为各级饲料管理部门提供了坚实的法律支撑和制度保障，使得饲料质量安全监管工作有法可依、有章可循。

为使各级饲料管理人员能够准确把握现场检查核心内容，我们编撰了《饲料生产企业现场检查概要》，旨在为各级饲料管理人员提供一套全面、系统的饲料生产企业现场检查工作指南，助力他们更有效地开展现场检查工作，提升监管能力和水平，确保饲料产品的质量安全。本书紧密结合饲料生产企业现场检查工作的实际需求，全面系统地介绍了现场检查的内容与要求、检查依据、检查方法与技巧、常见问题等，力求使本书具备较高的实用价值和操作性。

本书在编写过程中得到了通威股份有限公司和菏泽海鼎饲料科技有限公司的支持和帮助。在此，谨代表编写委员会向两家企业表示感谢。

鉴于编者水平和时间的局限性，尽管已竭尽全力，书中仍可能存在不足之处，恳请广大读者批评指正。

编　者

2024年9月

CONTENTS 目录

第一章
CHAPTER 1

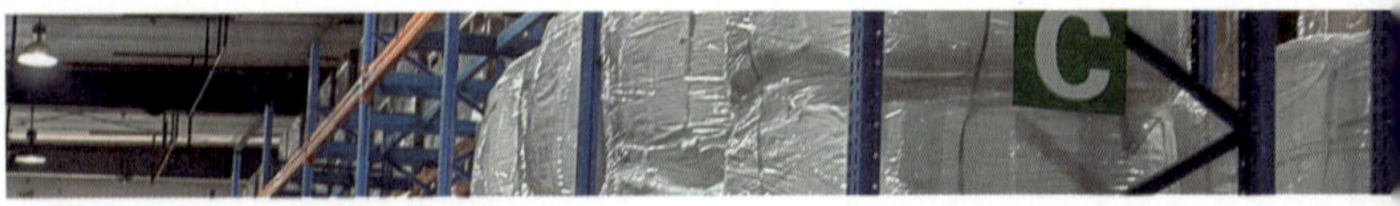

生产许可条件

重点核查企业生产许可申报材料、产品类别和品种、相关机构负责人和检验化验员。生产条件应满足生产许可条件要求，生产许可申报材料内容应与实际一致，不得存在超许可范围生产的情况，相关机构负责人熟悉饲料法规和专业知识，检验化验员具备相关仪器的操作技能。

一 符合性

（一）检查内容与要求

生产许可申报材料内容应与企业现场一致。

（二）检查依据

《饲料和饲料添加剂管理条例》第十四条。

《饲料生产企业许可条件》（农业部公告第1849号）。

（三）检查方法与技巧

对照企业生产许可申报材料，核查厂区平面布局图、生产设备明细表、生产工艺流程图、检验仪器明细表、检验化验室平面布置图等，确认符合《饲料生产企业许可条件》的规定要求，生产许可申报材料内容与企业现场一致。

1.厂区平面布局

（1）查验企业生产许可申报材料中厂区平面布局图，确认生产区与生活、办公等区域分开，厂区平面布局图中注明生产、检化验、生活、办公等功能区，并标注生产车间、原料库、成品库的基本尺寸。

（2）现场查看厂区内建筑和构筑物，核查厂区整体布局，确认生产区与生活、办公等区域分开，厂区内建筑和构筑物布局与申报材料中的厂区平面布局图一致。

某饲料企业厂区平面布局图示例见图1-1。

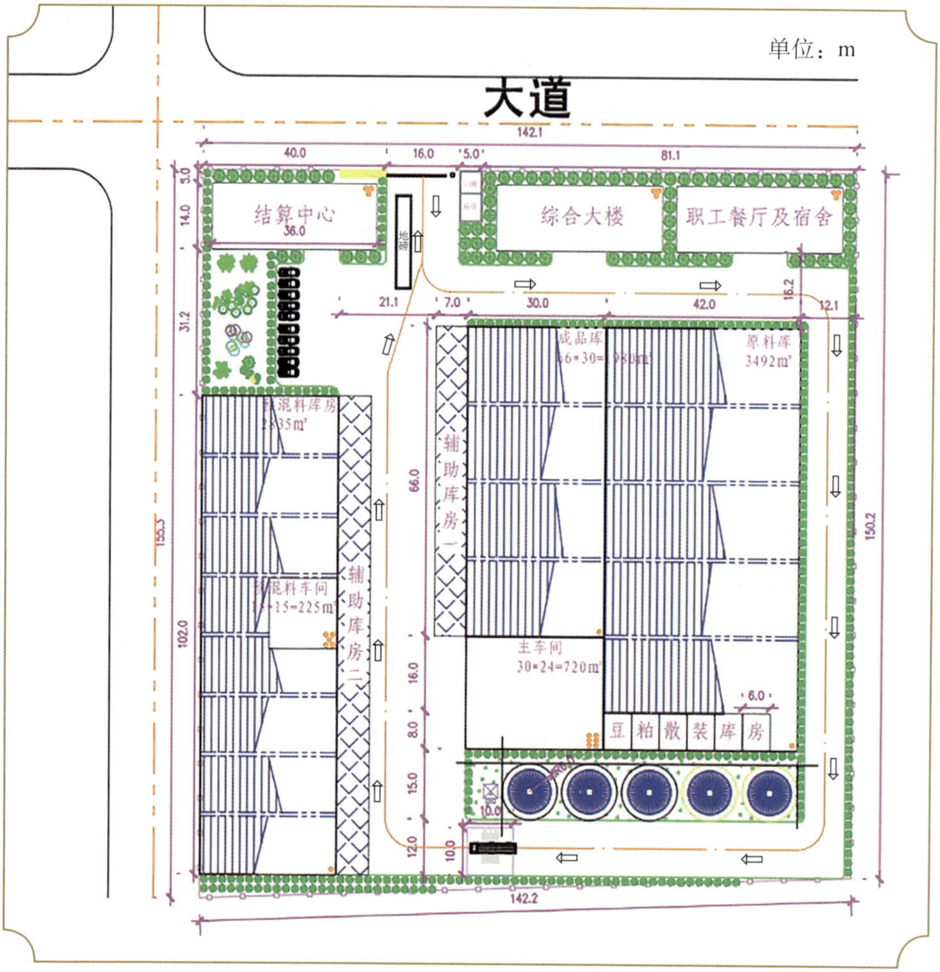

图1-1　某饲料企业厂区平面布局图示例

2.生产设备

(1) 对照企业生产许可申报材料，核查生产设备明细表中粉碎机、配料秤、混合机、制粒机、膨化机、烘干机、包装机、除尘器、空气压缩机等关键设备的信息。

生产设备的信息主要包括设备名称、型号规格、生产厂家、技术性能指标等信息，确保生产设备信息完整，生产设备（包括企业获得饲料生产许可证后更换的设备）满足《饲料生产企业许可条件》的规定要求。同时，核查申报材料中计算机自动控制配料精度证明文件和混合机混合均匀度检测报告。

计算机自动控制配料精度证明文件可以是企业配料精度的自检报告或专业检验机构出具的检验报告，也可以是供应商提供的技术参数证明复印件。计算机自动控制配料动态精度应不大于0.3% FS，静态精度不大于0.1% FS。计算机自动控制配料精度证明文件示例见图1-2。

计算机自动化控制系统配料精度证明

产品名称：全屏电脑配料系统

产品型号：TD-PL3

配料范围：3000KG

量　　程：3500KG

静态精度：±0.1%FS

动态精度：±0.3%FS

最小分辨率：0.01

配料速度：18～20批/1小时

总功率：60kW

温度范围：-5～40℃

相对湿度：≤90%

电　　源：AC380V,AC220V

额定电压变化率：-15～+15%

额定频率变化：±2%

参照标准：GB/T 20803—2006 饲料配料系统通用技术规范

检验结果：合格

检验员：[illegible]

图1-2 计算机自动控制配料精度证明文件示例

混合机混合均匀度检测报告可以是企业混合均匀度自检报告或专业检验机构出具的检验报告，也可以是供应商提供的技术参数证明复印件。添加剂预混合饲料生产企业的混合机混合均匀度变异系数值不大于5%；配合饲料、浓缩饲料、精料补充料生产企业混合机的混合均匀度变异系数值不大于7%，有添加剂预混合工艺的，预混合机的混合均匀度变异系数值不大于5%。制造商提供的混合机混合均匀度检测报告证明文件示例见图1-3，饲料生产企业混合机混合均匀度自检报告证明文件示例见图1-4。

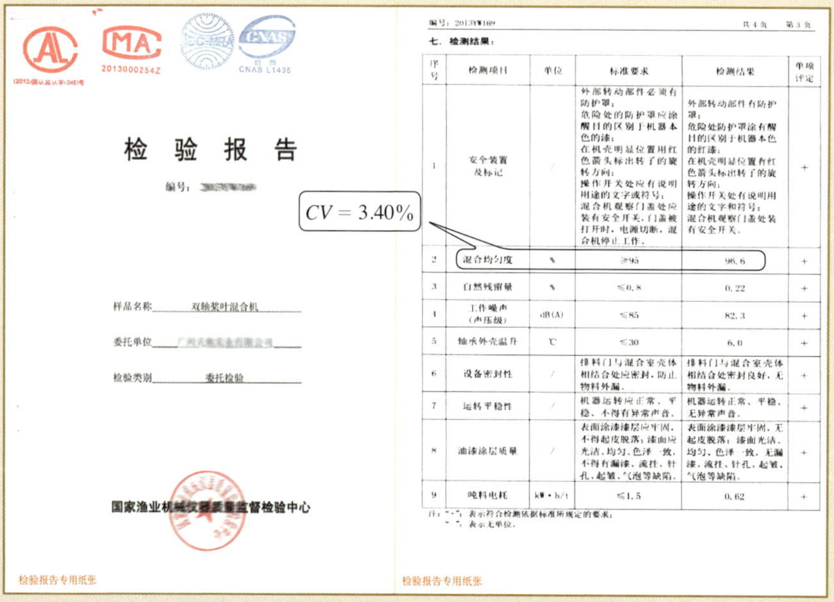

编号：2013YW169　　共4页　第3页

七、检测结果：

序号	检测项目	单位	标准要求	检测结果	单项评定
1	安全装置及标记	/	外部转动部件必须有防护罩；危险处的防护罩应涂醒目的区别于机器本色的漆；在机壳明显位置用红色箭头标出转子的旋转方向；操作开关处应有说明用途的文字或符号；混合机观察门盖处应装有安全开关，门盖被打开时，电源切断，混合机停止工作。	外部转动部件有防护罩；危险处防护罩涂有醒目的区别于机器本色的红漆；在机壳明显位置有红色箭头标出转子的旋转方向；操作开关处有说明用途的文字和符号；混合机观察门盖处装有安全开关。	+
2	混合均匀度	%	≥95	96.6	+
3	自然残留量	%	≤0.8	0.22	+
4	工作噪声（声压级）	dB(A)	≤85	82.3	+
5	轴承外壳温升	℃	≤30	6.0	+
6	设备密封性	/	排料门与混合室壳体相结合处应密封，防止物料外漏。	排料门与混合室壳体相结合处密封良好，无物料外漏。	+
7	运转平稳性	/	机器运转应正常、平稳、不得有异常声音。	机器运转正常、平稳、无异常声音。	+
8	油漆涂层质量	/	表面涂漆漆层应牢固，不得起皮脱落；漆面应光洁、均匀、色泽一致，不得有漏漆、流挂、针孔、起皱、气泡等缺陷。	表面涂漆漆层牢固，无起皮脱落；漆面光洁、均匀、色泽一致，无漏漆、流挂、针孔、起皱、气泡等缺陷。	+
9	吨料电耗	kW·h/t	≤1.5	0.62	+

注："+"：表示符合检测依据标准所规定的要求；
"/"：表示无单位。

检验报告专用纸张

图1-3　混合机混合均匀度检测报告证明文件示例

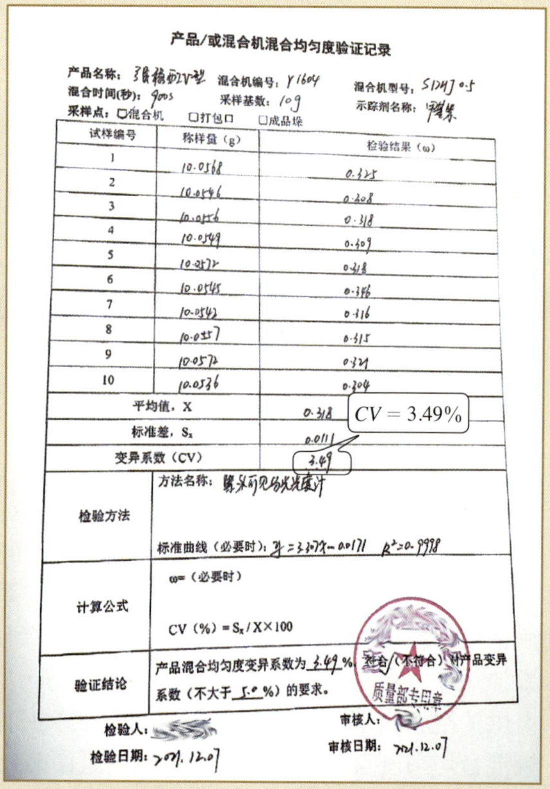

产品/或混合机混合均匀度验证记录

产品名称：3猪稳前1V型　混合机编号：Y1604　混合机型号：SLHJ0.5
混合时间(秒)：900s　采样基数：10g　示踪剂名称：甲基紫
采样点：□混合机　□打包口　□成品库

试样编号	称样量（g）	检验结果（ω）
1	10.0568	0.325
2	10.0546	0.308
3	10.0556	0.318
4	10.0549	0.309
5	10.0572	0.318
6	10.0545	0.346
7	10.0543	0.316
8	10.0557	0.315
9	10.0572	0.321
10	10.0536	0.304
平均值，X		0.318
标准差，S_x		0.011
变异系数（CV）		3.49

检验方法	方法名称：紫外可见分光光度计 标准曲线（必要时）：y=3.307x−0.0171　R^2=0.9998
计算公式	ω=（必要时） CV（%）= S_x/X×100
验证结论	产品混合均匀度变异系数为3.49%，符合/（不符合）对产品变异系数（不大于5.0%）的要求。

检验人：[illegible]　　审核人：[illegible]
检验日期：2021.12.07　　审核日期：2021.12.07

图1-4　饲料生产企业混合机混合均匀度自检报告证明文件示例

（2）现场查看生产设备（包括企业获得饲料生产许可证后更换的设备），确认现场生产设备与申报材料中生产设备信息一致，生产设备满足生产许可条件要求。

现场核查关键设备铭牌中的设备名称、型号、生产厂家、主要性能参数、功率等信息，与许可申报材料中生产设备明细表中的相关信息进行核对，确认现场生产设备相关信息与申报材料中设备信息一致。

对于添加剂预混合饲料生产企业，通过现场查看、询问相关人员或查阅混合机使用操作说明书中的相关信息，确认混合机（含混合机缓冲仓）与物料接触部分为不锈钢制造；否则，混合机不符合《饲料生产企业许可条件》的规定要求。

对于具有添加剂预混合工艺的配合饲料、浓缩饲料、精料补充料生产企业，通过现场查看、询问相关人员或查阅预混合机使用操作说明书中的相关信息，确认预混合机（含混合机缓冲仓）与物料接触部分为不锈钢制造；否则，预混合机不符合《饲料生产企业许可条件》的规定要求。

3.生产工艺流程

（1）核查企业提供的生产工艺流程图。生产工艺流程图应按照《饲料加工设备图形符号》（GB/T 24352—2020）要求规范或采用设备小样图绘制。

（2）核查生产线设计生产能力。浓缩饲料、配合饲料、精料补充料生产企业设计生产能力不小于10t/h，专业加工幼畜禽饲料、种畜禽饲料、水产育苗料、特种饲料、宠物饲料的企业设计生产能力不小于2.5t/h；复合预混合饲料和微量元素预混合饲料生产企业的设计生产能力不小于2.5t/h，维生素预混合饲料生产企业的设计生产能力不小于1t/h。

饲料生产线的设计产能以混合机为基准进行计算：

设计产能（t/h）=混合机有效体积（m^3）× 0.5t/m^3（饲料产品平均比重）×10批/h。

例如，以SLHS4A型混合机为例，混合机的有效容积为4m^3，则生产线设计产能为20t/h。计算如下：

设计产能（t/h）=4m^3 × 0.5t/m^3 × 10批/h=20t/h

（3）现场查看生产工艺流程，询问相关人员，从投料口到成品打包口，逐一核查生产线中每个工序，确认生产工艺符合《饲料生产企业许可条件》的规定要求。

配合饲料、浓缩饲料、精料补充料生产企业，成套加工机组应包括原料清理、粉碎、提升、配料、混合、自动包装等设备，生产颗粒饲料产品的，还应配备制粒或膨化、冷却、破碎、分级、干燥等后处理设备。配合饲料、浓缩饲料生产工艺流程示例见图1-5。

固态添加剂预混合饲料生产企业，配备成套加工机组应包括原料提升、混合和自动包装等设备。固态添加剂预混合饲料生产工艺流程示例见图1-6。

液态添加剂预混合饲料生产企业生产线由包括原料前处理、称量、配液、过滤、灌装等工序的成套设备组成。液态添加剂预混合饲料生产工艺流程示例见图1-7。

现场检查时，确认实际生产工艺与生产许可申报材料中的生产工艺流程图一致。如果生产工艺发生变化，变化后的工艺也应满足《饲料生产企业许可条件》的规定要求。

4.检验仪器

（1）对照企业生产许可申报材料，逐一核查检验仪器明细表中检验仪器的信息。检验仪器的信息主要包括仪器名称、规格型号、生产厂家、出厂编号、技术性能指标等，确认检验仪器信息完整，检验仪器（包括获得饲料生产许可证后更换的检验仪器）满足《饲料生产企业许可条件》的规定要求，检验仪器的技术性能满足检验需求。必要时可对重要的检验仪器设备进行开机验证，如不能正常运行则视为不满足许可条件要求。

浓缩饲料、配合饲料、精料补充料生产企业应配备万分之一分析天平、可见光分光光度计、恒温干燥箱、高温炉、定氮装置或定氮仪、粗脂肪提取装置或粗脂肪测定仪、真空泵及抽滤装置或粗纤维测定仪、样品粉碎机、标准筛及常规检验仪器。

固态维生素预混合饲料生产企业应配备万分之一分析天平、高效液相色谱仪（配备紫外检测器）、恒温干燥箱、样品粉碎机、标准筛及常规检验仪器。液态维生素预混合饲料生产企业应配备万分之一分析天平、高效液相色谱仪（配备紫外检测器）、酸度计及常规检验仪器。

微量元素预混合饲料生产企业应配备万分之一分析天平、原子吸收分光光度计（配备火焰原子化器和被测项目的元素灯）、恒温干燥箱、样品粉碎机、标准筛及常规检验仪器。

复合预混合饲料生产企业应配备万分之一分析天平、高效液相色谱仪（配备紫外检测器）、原子吸收分光光度计（配备火焰原子化器和被测项目的元素灯）、恒温干燥箱、高温炉、样品粉碎机、标准筛及常规检验仪器。

（2）现场核查检验仪器（包括获得饲料生产许可证后更换的检验仪器）铭牌中的仪器名称、规格型号、生产厂家、出厂编号等信息，与许可申报材料中生产设备明细表中的相关信息进行核对，确认现场检验仪器相关信息与申报材料中检验仪器信息一致。检验仪器属于企业资产，核查企业的相关购置发票或者列入企业固定资产的证明，发票或证明中的检验仪器名称、型号等应与检验仪

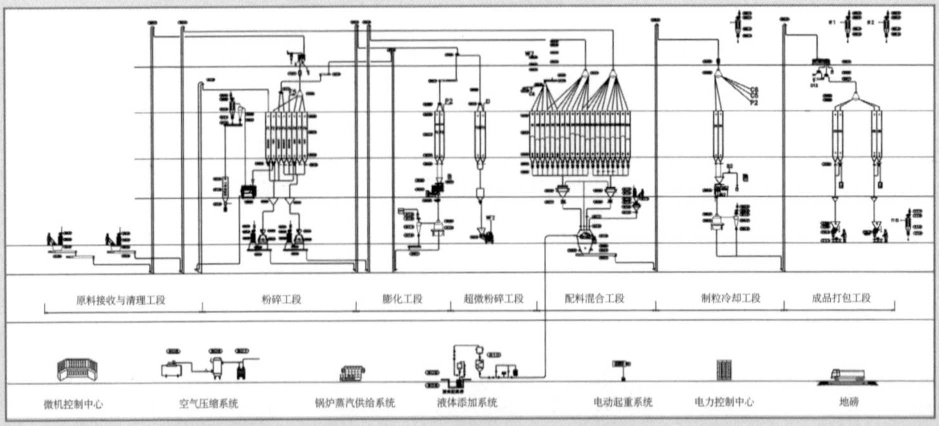

图1-5　配合饲料、浓缩饲料生产工艺流程示例

图1-6　固态添加剂预混合饲料生产工艺流程示例

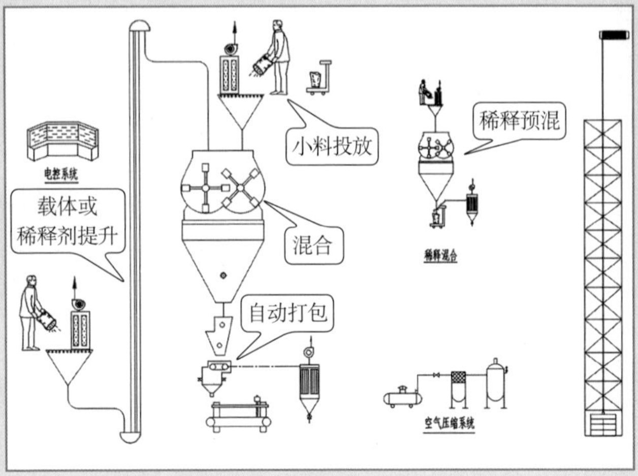

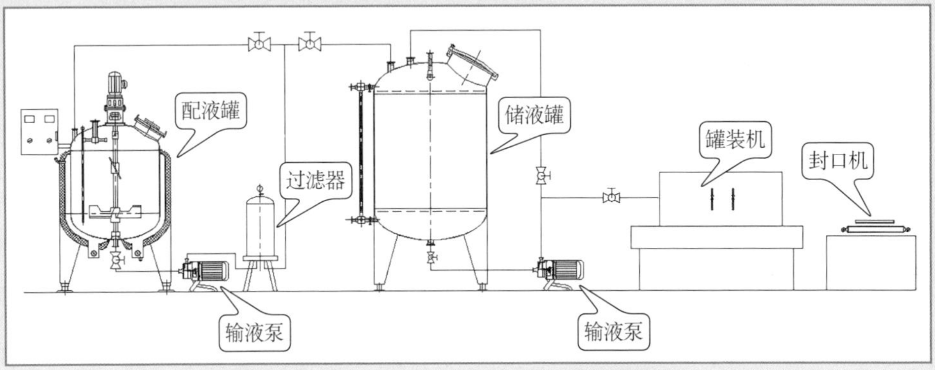

图1-7　液态添加剂预混合饲料生产工艺流程示例

器明细表中检验仪器信息一致。

5.检验化验室功能分区

（1）查验企业生产许可申报材料中检验化验室平面布置图，检验化验室平面布置图中注明天平室、理化分析室、仪器室、留样观察室等功能室以及功能室的基本尺寸和检验仪器的位置。检验化验室平面布置图示例见图1-8。

单位：mm

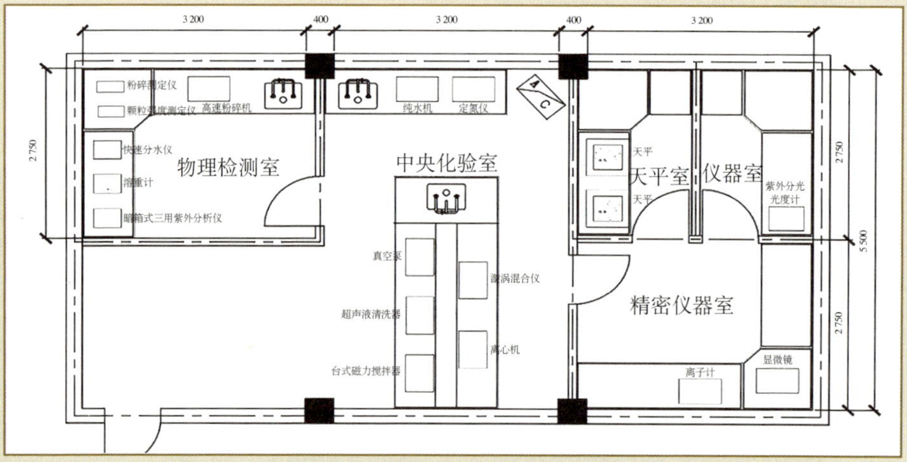

图1-8　检验化验室平面布置图示例

（2）现场查看检验化验室整体功能布局和检验仪器放置位置，功能室布局合理，使用面积应满足仪器、设备、设施布局和开展检验化验工作的需要，天平室、仪器室、留样观察室等应独立设置，留样观察室有满足原料和产品储存的样品柜。对照申报材料中检验化验室平面布置图和现场检验仪器放置位置应与实际功能室布局一致。

（四）常见问题

1.企业申报材料设备明细表中设备的信息与生产现场设备信息不相符。设备信息表中设备主要性能指标不完整。某企业申报材料设备明细表中混合机的型号、功率等信息与生产实际不相符，如图1-9所示。

2.生产固态添加剂预混合饲料混合机和稀释预混合机（含混合机缓冲仓）与物料接触部分非不锈钢制造。

3. 检验化验室功能分区不满足《饲料生产企业许可条件》的规定要求。某企业检验化验室功能区天平室不独立，如图1-10所示。

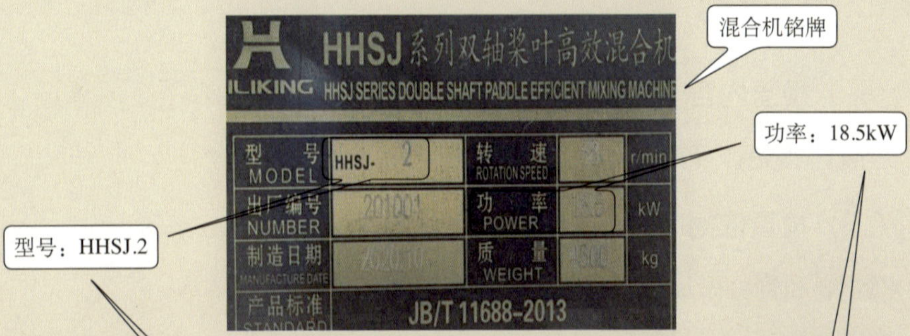

201	圆锥粉料清理筛	SCQZ45 × 55 × 80	福州海力鑫机电有限公司	2020-9	配套功率：3kW 产量：15～25t/h
202	永磁筒	TCXC-25	福州海力鑫机电有限公司	2020-10	磁场强度：≥3 000GS
203	混合机	HLHSJ-2	福州海力鑫机电有限公司	2020-10	有效容积2m³ 配套功率：15kW $CV \leqslant 7\%$

图1-9　申报材料设备明细表中混合机信息与生产实际不相符示例

单位：mm

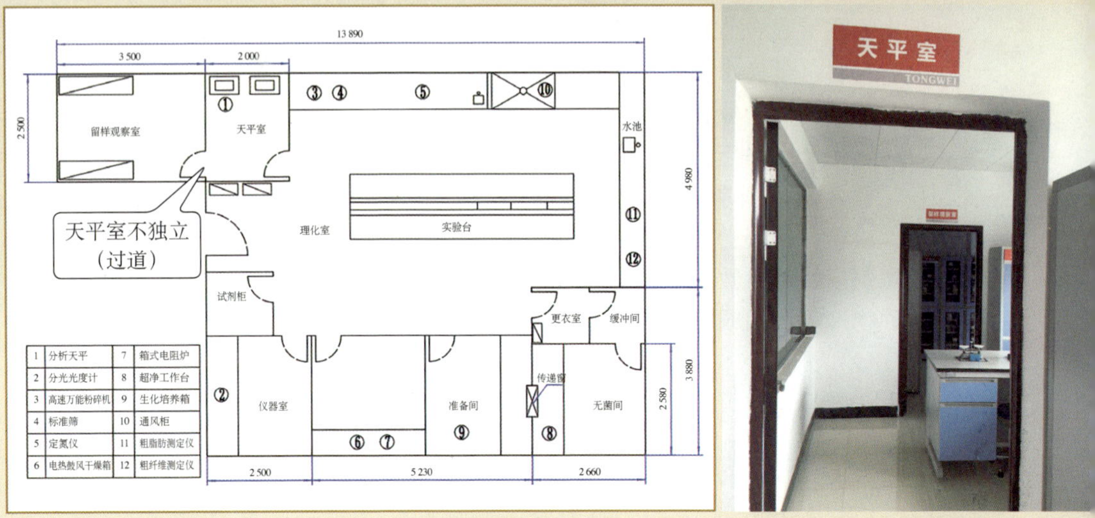

图1-10　天平室不独立示例

二 生产范围

（一）检查内容与要求

企业不得超许可范围生产产品。

（二）检查依据

《饲料和饲料添加剂管理条例》第三十八条。

（三）检查方法与技巧

1.企业饲料生产许可证核查

(1) 查验企业饲料生产许可证并查看饲料生产许可证上标识的产品类别，确认企业产品类别，如浓缩饲料、配合饲料、精料补充料、添加剂预混合饲料。

(2) 查看饲料生产许可证上标识的产品品种，确认产品品种。如浓缩饲料（畜禽、水产、反刍、幼畜禽、种畜禽、水产育苗、宠物、特种动物）；配合饲料（畜禽、水产、反刍、幼畜禽、种畜禽、水产育苗、特种动物）；精料补充料（反刍动物、其他）；复合预混合饲料（畜禽水产、反刍动物、宠物及特种动物）；微量元素预混合饲料（畜禽水产、反刍动物、宠物及特种动物）；维生素预混合饲料（畜禽水产、反刍动物、宠物及特种动物）；液态维生素预混合饲料（畜禽水产、反刍动物、宠物及特种动物）等。

(3) 询问企业相关人员，进一步核实企业产品类别和产品品种。

2.生产产品与许可范围一致性核查

(1) 现场查看成品库房、留样观察室和标签室，核查留样观察、标签使用、检验和销售台账等相关记录，确认实际生产产品与饲料生产许可证上的产品类别、品种一致。非该企业生产的贸易类货物若放置在成品库房，应进行有效的物理隔离和明显的指示标识，并建立独立的贸易明细台账。

(2) 询问企业相关人员，进一步核实企业产品类别和产品品种，确认企业生产产品与许可范围一致。

（四）常见问题

1.非本企业生产的贸易类产品没有有效的物理隔离单独存放，无清晰的标识，未建立独立的贸易明细台账。

2.有非本企业的产品标签，或有不在本企业饲料生产许可证中产品品种范围的产品标签。

三 人员

（一）检查内容和要求

机构负责人应满足《饲料生产企业许可条件》的规定要求且熟悉饲料法规和专业知识，检验化验员应具备相应的操作技能。

（二）检查依据

《饲料和饲料添加剂管理条例》第十四条。

《饲料生产企业许可条件》（农业部公告第1849号）第三条至第八条。

（三）检查方法与技巧

1.机构负责人的饲料法规和专业知识考核

（1）技术、生产、质量3个机构配备专职负责人，3个机构负责人不得相互兼任；查看技术、生产和质量机构负责人学历证书或职称证书，确认专业、学历或技术职称满足《饲料生产许可条件》的规定要求。

技术机构负责人应具备畜牧、兽医、水产等相关专业大专以上学历或中级以上技术职称。

生产机构负责人应具备畜牧、兽医、水产、食品、机械、化工与制药等相关专业大专以上学历或中级以上技术职称。

质量机构负责人应具备畜牧、兽医、水产、食品、化工与制药、生物科学等相关专业大专以上学历或中级以上技术职称。

（2）与企业相关机构负责人交流，考核对饲料相关法律法规的理解和分管工作的具体执行情况。现场检查过程中遇到具体问题时，询问相关机构负责人问题产生的原因、导致的后果以及应采取的解决措施等。对相关机构负责人所在机构领域涉及的法规知识、专业知识进行提问，考察其对饲料法规及专业知识的了解熟悉程度。

生产负责人涉及的内容主要包括饲料加工工艺与设备、生产过程控制、生产管理、安全生产等方面。

技术负责人涉及的内容主要包括动物营养、产品配方设计、饲料添加剂安全使用规范、饲料卫生标准等方面。

质量负责人涉及的内容主要包括原料查验与检验、产品出厂检验、留样观察、不合格样品处置、检验能力验证等方面。

采购负责人涉及的内容主要包括原料市场供应（包含价格、数量、供应商评价和再评价等）、原料库存控制和周转、供应商管理等方面。

销售负责人涉及的内容主要包括企业产品（包括品种、规格、价格、特点、库存、包装等）、产品销售、客户投诉、产品召回等方面。

2.检验化验员操作技能考核

（1）核查企业配备的专职检验化验人员人数，确认专职检验化验人员不少于2人；否则，不符合《饲料生产企业许可条件》的规定要求。

（2）在检验化验室与检验化验员交流，询问检验化验员产品出厂需要检测的项目、取样方法、检验方法、操作步骤等，查看相关检验记录。必要时，通过操作某一仪器设备或是某个实验过程的一部分，考查检验化验员操作技能及熟练程度。

（四）常见问题

1.企业专职检验化验人员不足2人，或检验化验人员存在在其他企业兼职现象。

2.没有配备专职的技术、质量等机构负责人，或技术、质量等机构负责人互相兼任，技术、质量、生产机构负责人的专业、学历或技术职称不符合《饲料生产企业许可条件》的规定要求。

3.机构负责人对专业知识掌握得不够全面，对饲料法规了解不多，特别是对《饲料质量安全管理规范》所涉及的内容要求较为陌生。

第二章
CHAPTER 2

安 全 生 产

重点检查企业安全生产情况。生产区内所有危险操作面防护措施或设施应齐全有效；按危险化学品管理的饲料添加剂和检验化验用危险化学品的储存与管理符合相关要求；企业所有用电防护应安全可靠；设备传动装置、码垛机器人等有完善的安全防护措施；特种设备取得有效的安全合格证明；厂区内所有消防设施齐全有效；存在安全隐患的设备或设施有清晰规范的安全警示标志。

一 危险操作面防护

（一）检查内容和要求

所有危险操作面有安全防护措施或设施。

安全防护设施在生产过程中有效使用。

（二）检查依据

《饲料和饲料添加剂管理条例》第十四条。

《饲料生产企业许可条件》（农业部公告第1849号）第十五条。

（三）检查方法与技巧

1.高空投料平台、设备维修和操作平台、爬梯等有安全防护栏

（1）现场查看钢平台与防护栏。根据《固定式钢梯及平台安全要求 第3部分：工业防护栏杆及钢平台》（GB 4053.3—2009）、《饲料加工成套设备技术规范》（GB/T 30472—2013）的要求，距离下方地面或地板1.2m及以上平台、通道或工作面的所有敞开边缘应设置防护栏杆；在可能放置工具、设备零部件或物品的平台上所有敞开边缘应设置带踢脚板的防护栏杆，踢脚板距平台地面高度不低于10cm；距基准面高度小于2m平台防护栏高度不低于0.9m，2 ～ 20m的防护栏高度不低于1.05m，20m以上的防护栏高度不低于1.2m。平台、通道或工作面的防护栏杆和踢脚板示例分别见图2-1、图2-2。

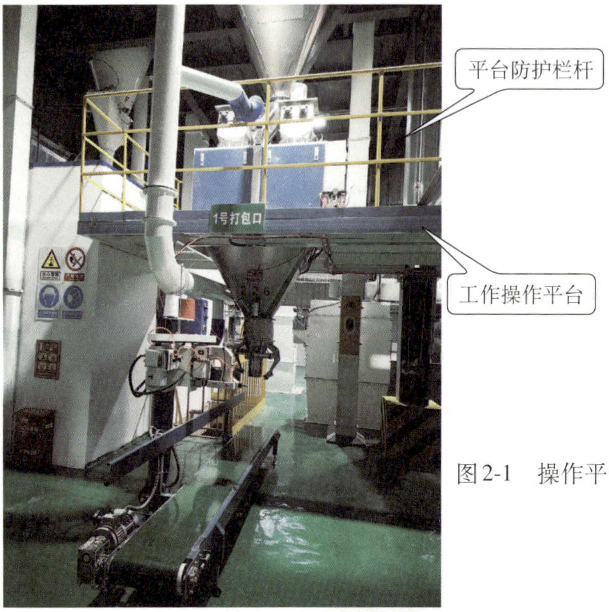

图2-1　操作平台防护栏示例

图2-2　操作平台踢脚板示例

（2）现场查看钢斜梯。根据《固定式钢梯及平台安全要求　第2部分：钢斜梯》（GB 4053.2—2009），梯宽不大于1.1m两侧封闭的斜梯，应至少一侧有扶手，宜设在下梯方向的右侧；梯宽不大于1.1m一侧敞开的斜梯，应至少在敞开一侧装有梯子扶手；梯宽不大于1.1m两边敞开的斜梯，均应在两侧安装扶手。梯宽大于1.1m但不大于2.2m的斜梯，无论是否封闭，均应在两侧安装扶手；梯宽大于2.2m的斜梯，除在两侧安装扶手外，在梯子宽度的中线处应设置中间栏杆。斜梯敞开边的扶手高度不低于平台护栏高度。固定式钢斜梯防护栏杆示例见图2-3，移动式钢斜梯防护护栏示例见图2-4。

图2-3 固定式钢斜梯防护栏杆示例

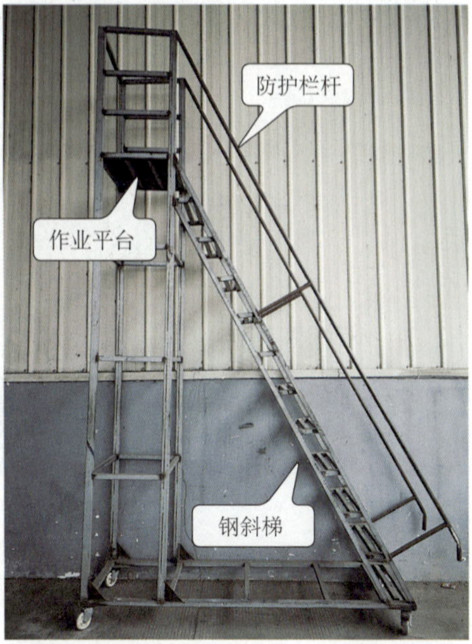

图2-4 移动式钢斜梯防护护栏示例

(3) 现场查看固定式钢直梯。根据《固定式钢梯及平台安全要求 第1部分：钢直梯》(GB 4053.1—2009)，梯段高度大于3m时，宜设置安全防护笼；单梯段高度大于7m时，应设置安全防护笼；当攀登高度小于7m，但梯子顶部在地面、地板或屋顶之上高度大于7m时，也应设置安全防护笼。钢直梯安全防护笼示例见图2-5。

图2-5 钢直梯安全防护笼示例

2.地面投料口、运输物料的电梯笼井、吊物孔等有遮挡防护措施或设施

（1）现场查看投料口，所有投料口均应设置投料隔栅，隔栅结构完好，无破损，结实有效。投料口隔栅示例见图2-6。

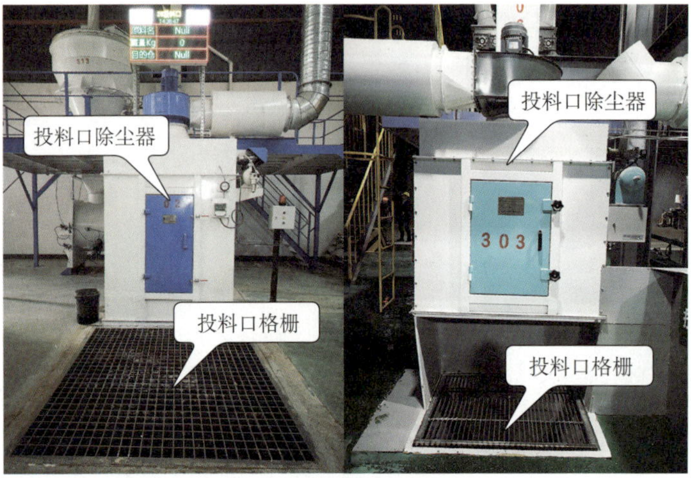

图2-6　投料口格栅示例

（2）现场查看运输物料的吊物篮、电梯笼井和吊物孔口，吊篮、电梯笼井和吊物孔口应设置防护栏杆或固定栅门，高度不应小于1.5m，并在显著位置设置安全警示标志。吊物篮防护栏和固定栅门示例见图2-7，吊物孔口周边防护栏杆和固定栅门示例见图2-8。

图2-7　吊物篮防护栏和固定栅门示例

图2-8 吊物孔口周边防护栏杆和固定栅门示例

3.高处作业有防护措施或设施

根据《高处作业分级》（GB/T 3608—2008）的规定：凡在坠落高度基准面2m（含2m）有可能坠落的高处进行的作业称为高处作业。在进行高处作业或悬空作业时，应有稳固和可靠的防护措施或设施（如带有防护栏的作业平台等）；否则，应配备安全带，安全带应绑在稳固的地方。高处作业配戴安全带示例见图2-9。

图2-9 高处作业配戴安全带示例

4.防护措施或设施的有效性

现场检查各种安全防护设施，各种安全防护设施应无缺陷、无变形、无松动、无断裂，防护设施连接牢固、平台和护栏稳固，平台和踏板表面无油污等。

（四）常见问题

1.操作平台钢斜梯、钢直梯无防护栏。钢斜梯、钢直梯无防护栏示例分别见图2-10、图2-11，操作平台（斗式提升机机头维护保养平台）无安全防护栏示例见图2-12。

2.移动式操作平台及其钢斜梯无防护栏。移动式操作平台及其钢斜梯无防护栏示例见图2-13。

3.安全防护设施连接不牢固、平台和护栏不稳固，平台和踏板表面有油污等。吊物孔防护栅门不稳固且无安全警示标志、平台表面有油污示例分别见图2-14、图2-15。

图2-10　钢斜梯无防护栏示例

图2-11　钢直梯无防护栏示例

图2-12　操作平台（斗式提升机机头维护保养平台）无安全防护栏示例

图2-13 移动式操作平台及其钢斜梯无防护栏示例

图2-14 吊物孔防护栅门不稳固且无安全警示标志示例

图2-15 平台表面有油污示例

4.吊物孔口、吊物篮无防护栏或固定栅门。吊物孔口、吊物篮无防护栏网和固定栅门示例分别见图2-16、图2-17。

图2-16　吊物孔口无安全防护栏杆示例

图2-17　吊物篮无防护栏网和固定栅门示例

二 危险化学品管理

（一）检查内容和要求

按危险化学品管理的饲料添加剂的储存符合要求，采用双人双锁管理，有清晰的警示标志，建立出入库记录。

检验用危险化学品采用双人双锁管理，有清晰的警示标志，建立危险化学品管理制度和出入库记录。

（二）检查依据

《饲料和饲料添加剂管理条例》第十四条。

《饲料质量安全管理规范》（农业部令2014年第1号）第九条、第十二条、第三十条。

《饲料生产企业许可条件》（农业部公告第1849号）第十六条。

（三）检查方法与技巧

1.按危险化学品管理的饲料添加剂管理

（1）有独立的储存间或储存柜。现场检查原料库，核查产品配方、产品标签和进货台账等，同时询问相关人员，核查企业是否购置和使用了按危险化学品管理的氯化铜、氯化锌、氯化钴、碘酸钾、碘酸钙、硫酸钴、亚硒酸钠等饲料添加剂。如确认企业购置和使用按危险化学品管理的饲料添加剂，则应有独立的储存间或储存柜。储存间或储存柜的大小应与生产能力匹配，储存间或储存柜内不应储存其他物品，否则就认为储存间或储存柜不独立。按危险化学品管理的饲料添加剂储存间或储存柜示例分别见图2-18、图2-19。

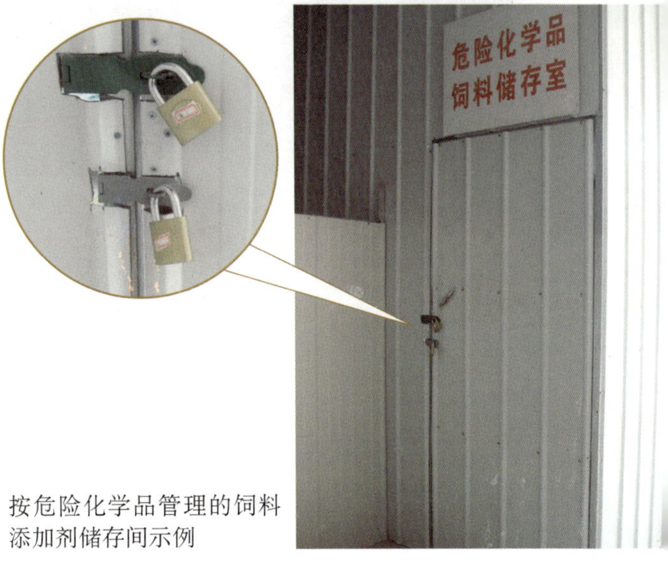

图2-18 按危险化学品管理的饲料添加剂储存间示例

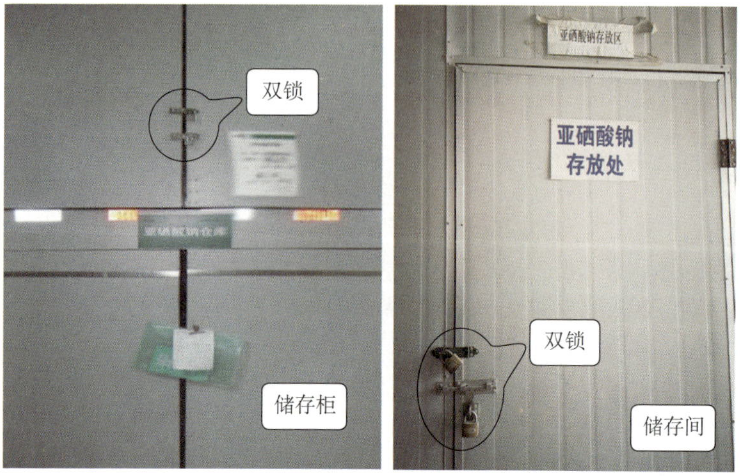

图2-19　按危险化学品管理的饲料添加剂储存柜或储存间示例

（2）采用双人双锁管理。现场查看储存间或储存柜，确认储存间或储存柜采用双人双锁管理。必要时要求开启储存间或储存柜的门锁或柜锁，确认由2名员工分别保管钥匙并打开门锁或柜锁，示例见图2-20。

图2-20　按危险化学品管理的饲料添加剂双人双锁管理示例

（3）有清晰的警示标志。现场查看储存间或储存柜，确认在储存间或储存柜门或其他显著位置张贴有清晰的危险化学品警示标志。

（4）有出入库记录。查阅按危险化学品管理的饲料添加剂出入库记录。记录内容包括原料名称、包装规格、生产日期、供应商简称（或代码）、入库数量和日期、出库数量和日期、库存数量、保管人等信息。记录表单要求信息完整，客观真实，字迹清晰。同时，现场核查实际库存量，确认记录表单中库存量与实际库存量一致。

2. 检验用危险化学品管理

（1）现场检查检验用化学试剂购置台账等，同时询问相关人员，核查企业是否购置和使用了检验用危险化学品。如确认企业购置和使用检验用危险化学品，则应有独立的储存间或储存柜。储存间或储存柜内不应储存其他物品，否则为储存间或储存柜不独立。检验用危险化学品储存间或储存柜示例分别见图2-21、图2-22。

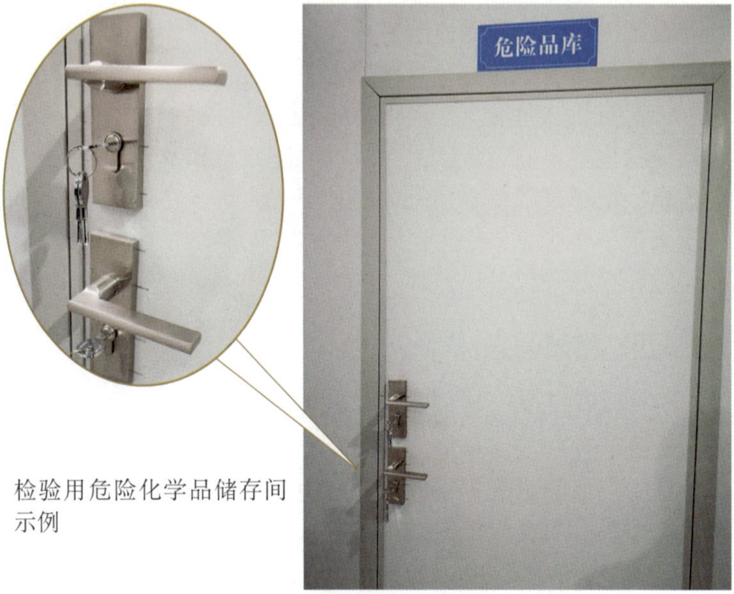

图2-21 检验用危险化学品储存间示例

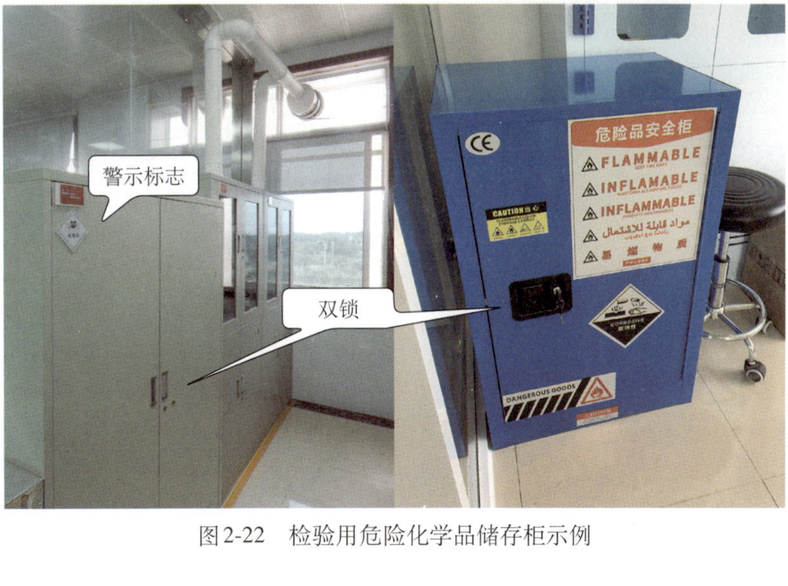

图2-22 检验用危险化学品储存柜示例

（2）采用双人双锁管理。现场查看储存间或储存柜，确认储存间或储存柜采用双人双锁管理。必要时要求开启储存间或储存柜的门锁或柜锁，确认由2名化验员分别保管钥匙并打开门锁或柜锁。

（3）有清晰的警示标志。现场查看储存间或储存柜，确认在储存间或储存柜门或其他显著位置张贴有清晰的危险化学品警示标志。

（4）建立检验化验用危险化学品管理制度。查阅检验化验用危险化学品管理制度。管理制度内容包括危险化学品的采购、入库、储存、发放使用、过期处理等内容。管理制度要求内容完整，可操作性强。现场询问检验化验人员制度的执行情况。

（5）有出入库记录。查阅检验化验用危险化学品出入库记录。记录内容包括检验化验用危险化学品名称、入库数量和日期、出库数量和日期、保管人等信息。记录表单要求信息完整，客观真实，字迹清晰。同时，现场随机核查记录表单中不少于2种检验化验用危险化学品库存量，确认记录表单中库存量与实际库存量一致。

（四）常见问题

1. 危险化学品（按危险化学品管理的饲料添加剂和检验用危险化学品）没有独立的储存间或储存柜。按危险化学品管理的饲料添加剂与普通饲料添加剂存放在一起或随意放置在普通库房内，检验用危险化学品与普通化学试剂存放在一起或随意放置在试剂柜内。

2. 按危险化学品管理的饲料添加剂在人工称重配制结束后，没有将剩余部分放回于危险化学品储存间或储存柜。

3. 危险化学品（按危险化学品管理的饲料添加剂和检验用危险化学品）没有实行双人双锁管理，或虽然有双锁但双锁由1人管理。

三 用电防护

（一）检查内容和要求

有警示标志。

易产生或积存粉尘区域的人工采光灯具、电源开关及插座具有防爆功能。

（二）检查依据

《饲料和饲料添加剂管理条例》第十四条。

《饲料生产企业许可条件》（农业部公告第1849号）第十五条。

（三）检查方法与技巧

1.配电柜、配电箱有警示标志

（1）现场查看生产区内配电柜和配电箱等，生产区内所有配电柜、配电箱等显著位置张贴有安全警示标志。配电室、电控柜（箱）安全警示标志示例分别见图2-23、图2-24。

图2-23　配电室安全警示标志示例

图2-24　电控柜（箱）安全警示标志示例

（2）安全警示标志符合《安全标志及其使用导则》（GB 2894—2008）的要求（详见附录1）。

2.易产生或积存粉尘区域的人工采光灯具、电源开关及插座等具有防爆功能

（1）饲料生产区易产生或积存粉尘的区域主要有散粮下料区域、投料区域、配料间、打包区域（含小料预混合、打包区域）、筛分区域、“跑冒滴漏”严重的区域（特别是地下室等相对封闭的空间）等。

（2）现场查看易产生或积存粉尘区域的人工采光灯具、电源开关和插座，确认上述区域的人工采光灯具、电源开关及插座是否具备防爆功能。具有防爆功能的电源开关和插座示例见图2-25。

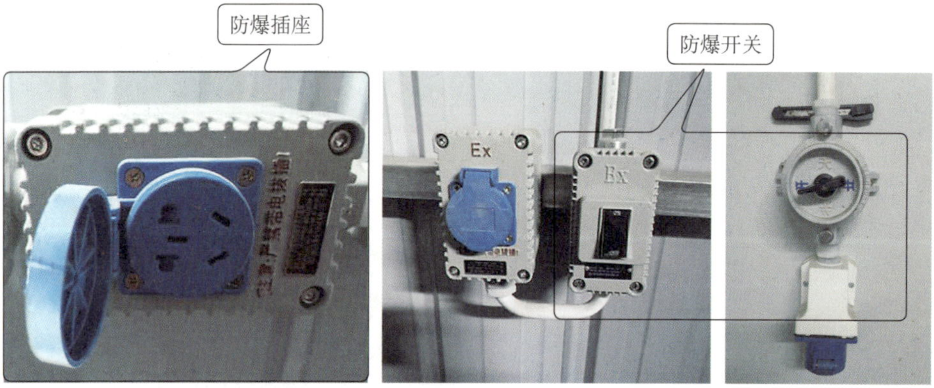

图2-25　具有防爆功能的电源开关和插座示例

3.电气电线、电缆等不存在安全隐患

(1) 现场查看电线、电缆等电气线路，要求布线整齐、连接可靠。生产现场的电线电缆不得存在私拉乱接、绝缘破损、老化、接头松动、带电部分外露等现象。

(2) 现场查看电气控制箱仪表、指示灯（信号灯）等，要求电气控制箱仪表、指示灯（信号灯）指示正常，门锁正常，不允许有门脱落、变形、无法关闭、锁具失效等现象。

（四）常见问题

1.部分易产生或积存粉尘区域的人工采光灯具、电源开关和插座不具防爆功能。配料间电源开关、插座不具防爆功能示例见图2-26，预混间电源插座不具防爆功能示例见图2-27。

图2-26　配料间电源开关、插座不具防爆功能示例

图2-27　预混间电源插座不具防爆功能示例

2.生产现场电控柜、电控箱无门，或门锁损坏，电控柜、电控箱内集尘严重，电线私拉乱接。电控柜私拉乱接、集尘严重示例见图2-28。

3.车间内电线电缆铺设不规范，私拉乱接现象严重，存在裸漏线头等用电安全隐患，钢架平台上的设备铺设或接电用电线的电缆未加绝缘护套管。电线铺设不规范、集尘严重示例见图2-29，存在裸漏电线头示例见图2-30。

4.电控柜或配电箱存在变形、锈蚀、积灰等现象，箱体外表面无警示标识，或安全警示标志不清晰、不完整等现象。配电箱变形、锈蚀示例见图2-31。

图2-28 电控柜私拉乱接、集尘严重示例

图2-29 电线铺设不规范、集尘严重示例

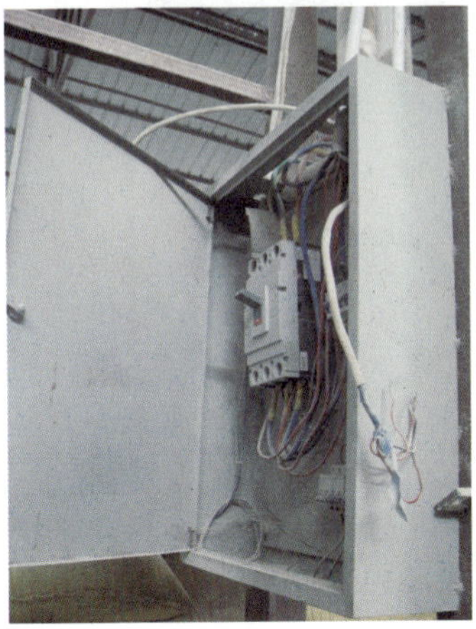

图2-30 存在裸漏线头示例

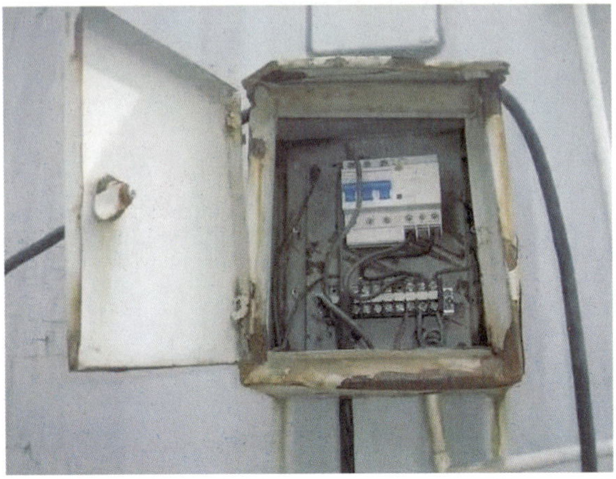

图2-31 配电箱变形、锈蚀示例

四 特种设备

（一）检查内容和要求

高温设备和设施有隔热层和警示标志。
压力容器由有资质的企业制造，并有安全防护装置。
压力容器等特种设备有安全检查证明材料。

（二）检查依据

《饲料和饲料添加剂管理条例》第十四条。
《饲料质量安全管理规范》（农业部令2014年第1号）第二十四条。
《饲料生产企业许可条件》（农业部公告第1849号）第十五条。

（三）检查方法与技巧

1.高温设备设施有隔热层和警示标志

（1）现场查看生产现场的蒸汽管道、分汽缸等高温设备。蒸汽管道、分汽缸等高温设备应有完善的隔热层或防烫设施。

（2）现场查看生产现场的蒸汽管道、分汽缸等高温设备的警示标志。在蒸汽管道、分汽缸等高温设备显著位置张贴安全警示标志。安全警示标志符合《安全标志及其使用导则》（GB 2894—2008）的要求。蒸汽分汽缸和蒸汽管道隔热层及警示标志示例见图2-32。

图2-32　蒸汽分汽缸和蒸汽管道隔热层及警示标志示例

2. 压力容器由有资质的企业生产制造

现场查看压缩空气储气罐、锅炉、蒸汽分汽缸等压力容器，查看储气罐、锅炉、分汽缸等压力容器铭牌，核查铭牌上的制造许可证编号和制造许可级别信息，确认压缩空气储气罐、锅炉、蒸汽分汽缸等压力容器是由有资质的企业生产制造。压缩空气储气罐铭牌、蒸汽分汽缸铭牌示例分别见图2-33、图2-34。

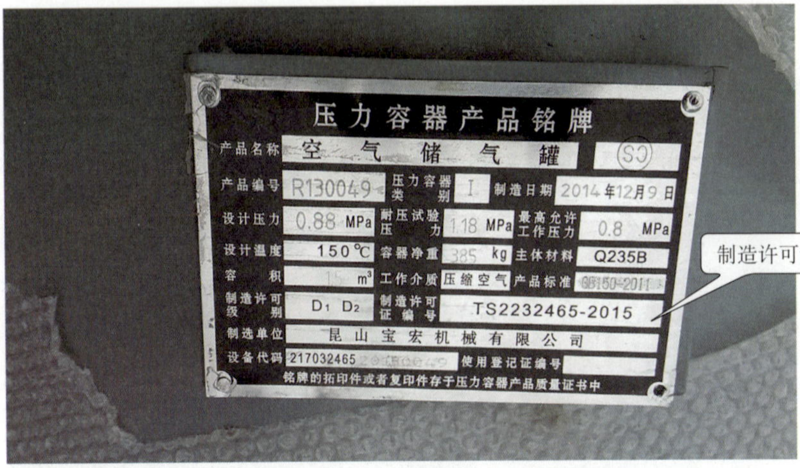

图2-33 压缩空气储气罐铭牌示例

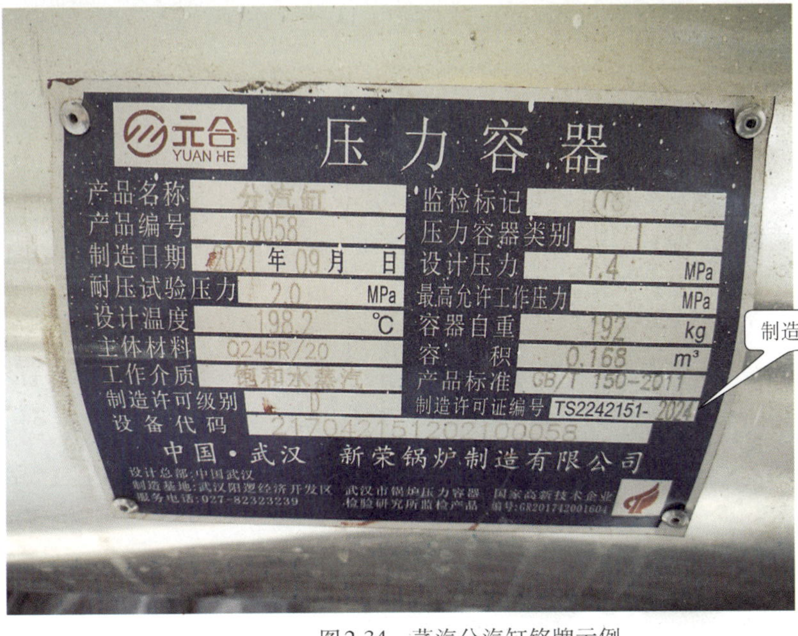

图2-34 蒸汽分汽缸铭牌示例

3.压力容器安装有安全阀

（1）现场查看压缩空气储气罐、锅炉、蒸汽分汽缸等压力容器，储气罐、空气压缩机、锅炉、蒸汽分汽缸等压力容器上应该安装安全阀；压力容器的安全阀应直接装在压力容器本体的最高位置，安全阀与容器之间不得装设阀门。压缩空气储气罐安装安全阀示例见图2-35，蒸汽分汽缸安装安全阀示例见图2-36。

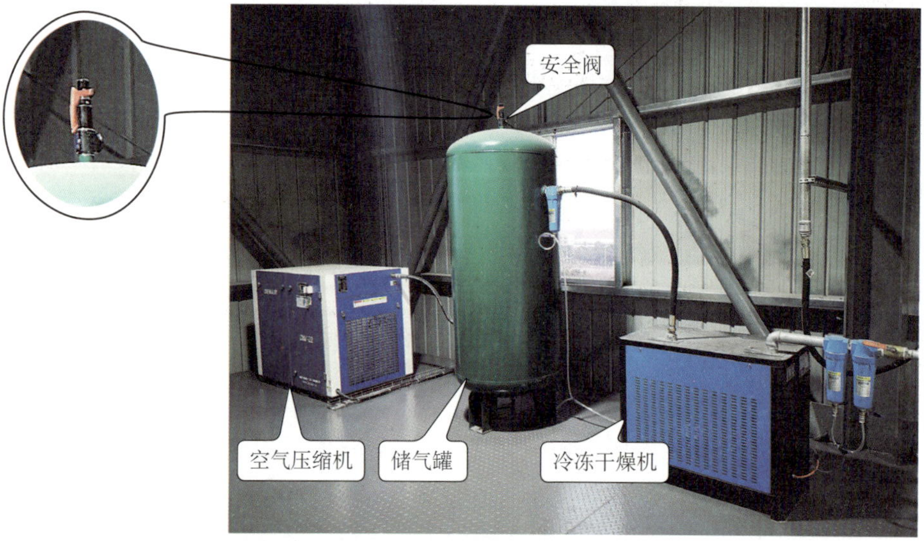

图2-35　压缩空气储气罐安装安全阀示例

图2-36　蒸汽分汽缸安装安全阀示例

(2) 蒸汽安全阀必须装设排放管，排放管要导至安全地点，排放管口不得朝向邻近设备或有人通过的地方，排放管不得安装任何阀门，安全阀排放管固定牢固。蒸汽分汽缸安装安全阀和排放管示例见图2-37。

图2-37 蒸汽分汽缸安装安全阀和排放管示例

4.查看压力容器、计量设备等证明材料

查验锅炉、压力容器等特种设备安全证明材料。锅炉、压力容器等特种设备取得安全合格证书，安全合格证或特种设备检验证明材料处于有效期内。有计量秤、地磅、压力表等测量设备检定或校验证明文件。特种设备使用登记证和检测证明文件示例见图2-38。

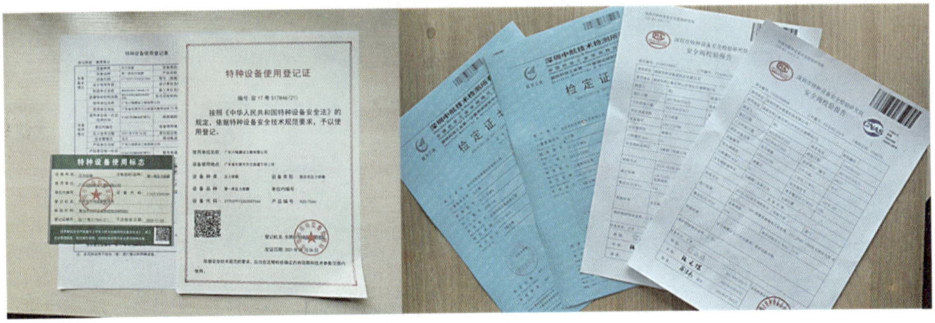

图2-38 特种设备使用登记证和检测证明文件示例

(四) 常见问题

1.高温设备，如蒸汽分汽缸、蒸汽管道无隔热层或防烫设施。蒸汽分汽

缸、蒸汽管道无隔热层或防烫设施示例见图2-39。

2.压力容器由无资质的企业制造，企业自制蒸汽分汽缸或压缩空气储气包。企业自制蒸汽分汽缸和压缩空气储气包示例分别见图2-40、图2-41。

3.蒸汽分汽缸未安装安全阀，或蒸汽分汽缸安全阀未安装排放管。蒸汽分汽缸未安装安全阀和安全阀未安装排放管示例分别见图2-42、图2-43。

图2-39　蒸汽分汽缸、蒸汽管道无隔热层或防烫设施示例

图2-40　企业自制蒸汽分汽缸示例

图2-41　企业自制压缩空气储气包示例

图2-42　蒸汽分汽缸未安装安全阀示例

图2-43　蒸汽分汽缸安全阀未安装排放管示例

五 设备传动部件与码垛机等

（一）检查内容和要求

设备运动的传动部件有固定式安全防护装置。

码垛机、码垛机械人等有安全距离防护装置。

（二）检查依据

《饲料和饲料添加剂管理条例》第十四条。

《饲料生产企业许可条件》（农业部公告第1849号）第十五条。

（三）检查方法与技巧

1. 设备传动部件有安全防护罩

（1）现场查看生产线上的所有设备传动部件，主要包括裸露的齿轮传动、皮带传动、链传动、高速旋转联轴器，以及外露转动部分和能够伸手摸到的运动部件等。

（2）生产线上的所有设备运动的传动部件必须安装有效的安全防护装置，安全防护装置牢固可靠。

2. 码垛机、码垛机械人等有安全距离防护装置

现场查看生产线上所有的拆包机器人、拆垛机器人、码垛机器人、夹袋机器人、举升机等自动化装备。按《机械安全　防护装置　固定式和活动式防护装置的设计与制造一般要求》（GB/T 8196—2018）和《码垛机安全要求》（GB/T 36521—2018）的要求，包括作业空间、输送区、码垛区、托盘输送区、托盘输出区等危险区域，应有安全防护措施和安装安全距离防护装置，并有安全警示标志。码垛机器人安全距离防护装置和安全警示标志示例见图2-44。

图2-44　码垛机器人安全距离防护装置和安全警示标志示例

（四）常见问题

1.部分设备的传动部件无有效的安全防护装置。设备传动部件无安全防护罩示例见图2-45。

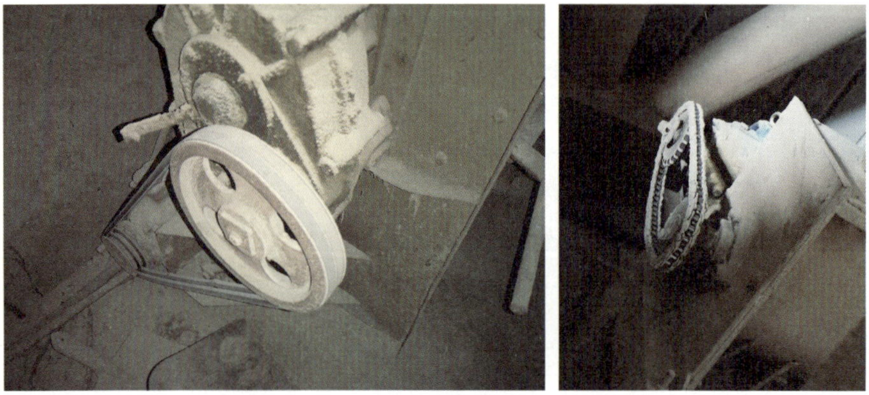

图2-45　设备传动部件无安全防护罩示例

2.码垛机器人或码垛机无安全距离防护装置和安全警示标志，示例见图2-46。

图2-46　码垛机无安全距离防护装置和安全警示标志示例

六 消防设施

（一）检查内容和要求

厂区内应配备必要的消防设施或设备。

消防设施或设备能有效使用。

（二）检查依据

《饲料和饲料添加剂管理条例》第十四条。
《饲料生产企业许可条件》（农业部公告第1849号）第十三条。

（三）检查方法与技巧

1. 生产区配备有效的消防设施或设备

（1）现场查看原料库、配料间、生产车间、成品库等生产区配备灭火器等消防设施或设备情况。现场查看消防器材的摆放位置、消防通道等，确保消防器材摆放位置明显，取用方便，无被覆盖遮挡现象，周围不得堆放物品和杂物，消防通道畅通，消防设施或设备有完整的消防安全标识。灭火器放置示例见图2-47，消防栓设置示例见图2-48。

图2-47　灭火器放置示例

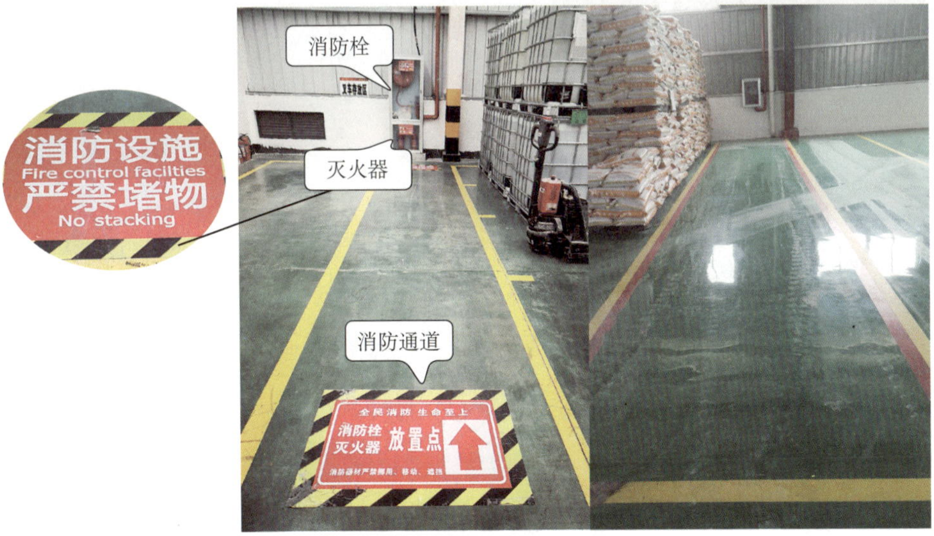

图2-48　消防栓设置示例

（2）消防器材无变形现象，铭牌完整清晰，喷嘴和软管无变形、开裂、损伤等现象。

2.消防设施或设备处于有效期内

现场查验消防设施或设备上的合格证或维修合格证，确保消防设施或设备处于有效期内。现场随机打开2个消火栓，有定期检查记录，内部应整洁，配备的喷嘴和软管处于正常状态；随机检查2个灭火器，应有定期检查记录表，灭火器的铭牌应完整清晰，指针应指向绿色区域。灭火器检查示例见图2-49，灭火器定期检查记录示例见图2-50。

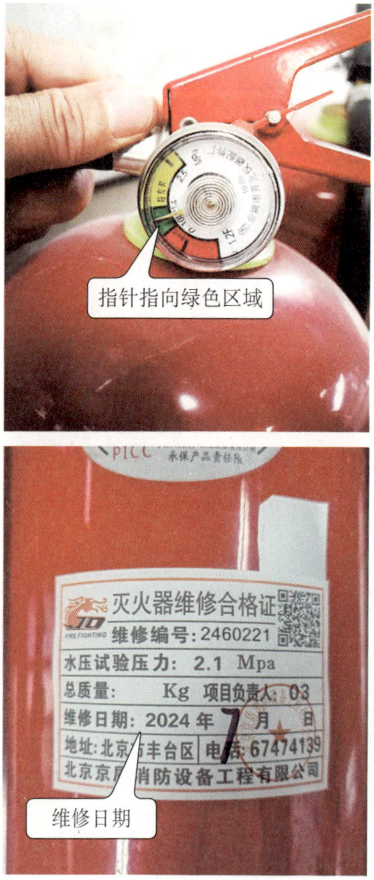

图2-49　灭火器检查示例

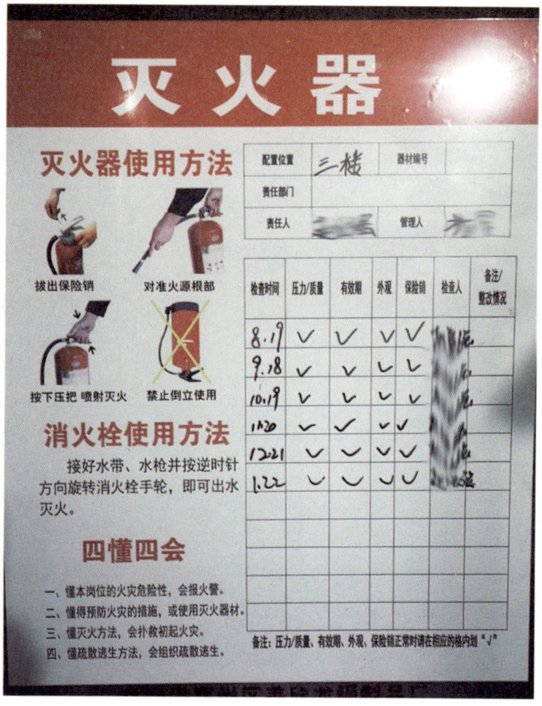

图2-50　灭火器定期检查记录示例

（四）常见问题

1.灭火器指针指向红色区域，显示压力不足，且灭火器积尘严重，示例见图2-51。

图2-51 灭火器压力不足且积尘严重示例

2.消防栓前方后周围堆积物料，消防通道堵塞。消防通道堵塞示例见图2-52。

图2-52 消防通道堵塞示例

3.消防栓箱体变形，箱体无门，无消防水带，消防栓内放杂物等，消防栓失效，无法正常使用。示例见图2-53。

图2-53 消防栓箱体变形、无门、内有杂物和无消防水带示例

4.灭火器筒体变形、锈蚀、软管老化开裂等，示例见图2-54。

图2-54 灭火器筒体变形、锈蚀、软管老化开裂示例

第三章
CHAPTER 3

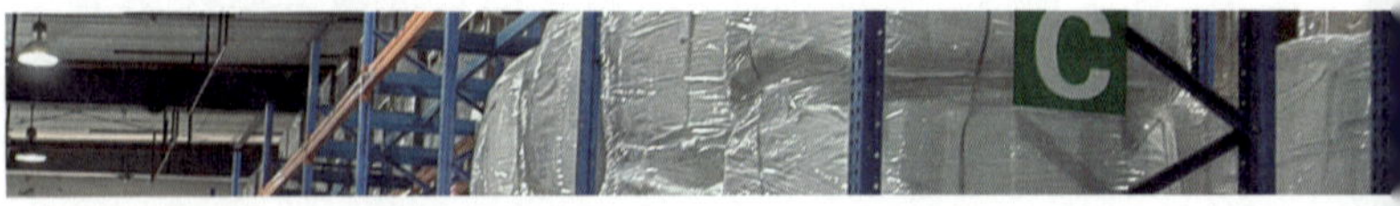

原 料 管 理

重点检查原料验收标准、原料查验与检验、原料卫生指标检验、原料进货台账、热敏物质和兽药的储存，以及按照“一垛一卡”原则对原料实施垛位卡管理。

一 原料验收标准

（一）检查内容与要求

原料验收标准，原料验收标准信息完整、规范。

（二）检查依据

《饲料和饲料添加剂管理条例》第十七条。

《饲料质量安全管理规范》（农业部令2014年第1号）第七条。

《饲料卫生标准》（GB 13078—2017）。

现行有效的饲料添加剂强制性国家标准。

《饲料标签》（GB 10648—2013，含1号修改单）。

（三）检查方法与技巧

1.查阅原料验收标准

（1）查阅企业建立的“原料验收标准”。原料验收标准应涵盖生产过程中使用的所有饲料原料、饲料添加剂、混合型饲料添加剂、添加剂预混合饲料、浓缩饲料和允许在商品饲料中添加使用的兽药。原料验收标准应包括原料的通用名称、主成分指标验收值、卫生指标验收值等内容。

（2）验收标准中原料的通用名称应与《饲料原料目录》《饲料添加剂品种目录》和农业农村部公告第246号以及后续公布的相关公告等规定一致。如饲料添加剂“二氧化硅”是通用名称，而“白碳黑”则是俗称；兽药“氯羟吡啶预混剂”是通用名称，而“克球酚”则是俗称。

（3）验收标准中，每种原料的技术指标和卫生指标应齐全完整，卫生指标验收值符合有关法律法规和标准的规定。某企业部分饲料添加剂验收标准示例见表3-1，某企业部分饲料原料验收标准示例见表3-2。

表3-1 某企业部分饲料添加剂验收标准示例

分类	饲料添加剂通用名称	商品名称	外观和性状	技术指标	引用／参考标准
矿物元素及其络（螯）合物	氧化锌	无	白色或微黄色粉末	（1）氧化锌（ZnO）≥95.0% （2）锌（以Zn计）≥76.3% （3）砷（As）含量≤5mg/kg （4）铅（Pb）含量≤20mg/kg （5）镉（Cd）含量≤8mg/kg （6）细度（150μm试验筛，通过率）≥98%	HG/T 2792—2011
矿物元素及其络（螯）合物	酵母硒	拉曼硒	淡黄色至淡黄棕色粉末或类白色粉末，无肉眼可见杂质	（1）总硒（以Se计）≥2 000mg/kg （2）有机硒占总硒百分比≥98% （3）水分≤6.0% （4）粗灰分≤8.0% （5）砷（As）≤10mg/kg （6）铅（Pb）含量≤30mg/kg （7）镉（Cd）含量≤10mg/kg （8）细菌总数（CFU/g）≤1.0×10^6 （9）沙门氏菌（25g中）不得检出	某企业标准
维生素及类维生素	维生素A乙酸酯	无	淡黄色至棕褐色颗粒状粉末，易吸潮，遇热、酸、日光或吸潮后易分解，并使含量下降	（1）标示量：含维生素A乙酸酯500 000IU/g （2）含量(以$C_{22}H_{32}O_2$计，占标示量的百分比)90.0%～120.0% （3）干燥失重≤5.0% （4）铅（以Pb计，mg/kg）≤10 （5）砷（以As计，mg/kg）≤3 （6）粒度：本品应100％通过0.84mm孔径的筛网（20目）	GB/T 7292—1999
维生素及类维生素	氯化胆碱（仅适用于非二氧化硅载体的60%粉剂）	无	黄褐色干燥的流动性粉末或颗粒，具有吸湿性，有特异臭味	（1）氯化胆碱含量（以干基计）≥60.0% （2）干燥失重≤4.0% （3）总游离胺/氮[以（CH_3）$_3$N计]含量≤0.03% （4）细度（850μm试验筛，通过率）≥90% （5）重金属(以Pb计，mg/kg)≤20 （6）总砷（以As计，mg/kg）≤2	GB 34462—2017

表3-2 某企业部分饲料原料验收标准示例

通用名称	商品名称	感官性状	营养指标	卫生指标	性能指标	扣价标准	降价或拒收标准	备注
玉米	玉米（二级）	籽实整齐、均匀、饱满、色泽均匀（白色或黄色）、新鲜、无发酵、霉变、腐烂、结块、虫蛀及异味、异臭	（1）容重≥690g/L （2）粗蛋白质≥8.0% （3）不完善粒≤6.0% （4）霉变粒≤2.0% （5）杂质≤1.0% （6）脂肪酸值（KOH）≤60.0mg/100g （7）焦糊粒≤2.0% （8）水分≤14.0%	（1）总砷≤2mg/kg （2）铅≤10mg/kg （3）汞≤0.1mg/kg （4）镉≤1mg/kg （5）铬≤5mg/kg （6）氟≤150mg/kg （7）亚硝酸盐（以$NaNO_2$计）≤15mg/kg （8）黄曲霉毒素B_1≤30μg/kg （9）赭曲霉毒素A≤100μg/kg （10）玉米赤霉烯酮≤0.5mg/kg （11）呕吐毒素≤5mg/kg （12）T-2毒素≤0.5mg/kg （13）伏马毒素（B_1+B_2）≤60mg/kg （14）氰化物（以HCN计）≤50mg/kg （15）游离棉酚≤20mg/kg （16）异硫氰酸酯≤100mg/kg （17）多氯联苯≤10μg/kg （18）六六六≤0.05mg/kg （19）滴滴涕≤0.02mg/kg （20）六氯苯≤0.01mg/kg （21）霉菌总数（CFU/g）＜4×10^4 （22）沙门氏菌（25g中），不得检出	感官、容重、水分、脂肪酸值、黄曲霉毒素B_1、呕吐毒素、玉米赤霉烯酮	营养指标值不合格品可降级接收。水分、杂质、不完善粒、粗蛋白质每低1个百分点扣1%吨单价，容重按等级价差50元/t或每低1g扣2元/t，脂肪酸值每超1扣0.1%吨单价。	卫生指标不合格品拒收或退货	“玉米”的相关标准有《玉米》（GB 1353—2018）和《饲料用玉米》（GB/T 17890—2008），本验收标准“营养指标”按照上述2个标准综合制定，卫生指标按照GB 13078—2017制定

（续）

通用名称	商品名称	感官性状	营养指标	卫生指标	性能指标	扣价标准	降价或拒收标准	备注
大豆粕	43%大豆粕	呈浅黄色或淡棕色或黄褐色，不规则的碎片状或粗颗粒状或粗粉状；无发酵、霉变、虫害及异味、异臭	（1）水分≤12.5% （2）粗蛋白质≥43.0% （3）粗灰分≤7.0% （4）粗纤维≤7.0% （5）氢氧化钾蛋白质溶解度≥73.0% （6）脲素酶活性≤0.3U/g	（1）总砷≤2mg/kg （2）铅≤10mg/kg （3）汞≤0.1mg/kg （4）镉≤1mg/kg （5）铬≤5mg/kg （6）氟≤1 500mg/kg （7）亚硝酸盐（以$NaNO_2$计）≤15mg/kg （8）黄曲霉毒素B_1≤30μg/kg （9）赭曲霉毒素A≤100μg/kg （10）玉米赤霉烯酮≤1mg/kg （11）呕吐毒素≤5mg/kg （12）T-2毒素≤0.5mg/kg （13）氰化物（以HCN计）≤50mg/kg （14）游离棉酚≤20mg/kg （15）异硫氰酸酯≤100mg/kg （16）多氯联苯≤10μg/kg （17）六六六≤0.05mg/kg （18）滴滴涕≤0.02mg/kg （19）六氯苯≤0.01mg/kg （20）霉菌总数（CFU/g）＜4×10^3 （21）沙门氏菌（25g中），不得检出	感官、水分、粗蛋白质、氢氧化钾蛋白质溶解度	营养指标值不合格品可降级接收。水分、粗纤维、粗灰分每超1个百分点扣1%吨单价，粗蛋白质每低1个百分点扣1个蛋白单价，蛋白质溶解度每低1个百分点扣0.5%吨单价	（1）水分＞14.0%、粗蛋白质＜42.0%或氢氧化钾蛋白质溶解度＜65.0%均拒收 （2）卫生指标不合格品拒收或退货	本验收标准按照《饲料原料 豆粕》（GB/T 19541—2017）制定

（续）

通用名称	商品名称	感官性状	营养指标	卫生指标	性能指标	扣价标准	降价或拒收标准	备注
菜籽粕	二级菜粕	褐色、黄褐色或金黄色小碎片或粗粉状，有时夹杂小颗粒，色泽均匀一致，无虫蛀、霉变、结块及异味、异臭	（1）水分≤12.0% （2）粗蛋白质≥39.0% （3）粗纤维≤12.0% （4）粗灰分≤8.0% （5）赖氨酸≥1.7% （6）粗脂肪≤3.0%	（1）总砷≤2mg/kg （2）铅≤10mg/kg （3）汞≤0.1mg/kg （4）镉≤1mg/kg （5）铬≤5mg/kg （6）氟≤150mg/kg （7）亚硝酸盐（以$NaNO_2$计）≤15mg/kg （8）黄曲霉毒素B_1≤30μg/kg （9）玉米赤霉烯酮≤1mg/kg （10）呕吐毒素≤5mg/kg （11）T-2毒素≤0.5mg/kg （12）氰化物（以HCN计）≤50mg/kg （13）游离棉酚≤20mg/kg （14）异硫氰酸酯≤4 000mg/kg （15）噁唑烷硫酮≤2 500mg/kg （16）多氯联苯≤10μg/kg （17）六六六≤0.05mg/kg （18）滴滴涕≤0.02mg/kg （19）六氯苯≤0.01mg/kg （20）霉菌总数（CFU/g）＜4×10^3 （21）沙门氏菌（25g中）不得检出	感官、水分、粗蛋白质、粗灰分	营养指标值不合格品可降级接收。水分、粗灰分、粗纤维每超1个百分点扣1%吨单价，粗蛋白质每低1个百分点扣1个蛋白单价	（1）水分＞13.0%、粗蛋白质＜34.00%、粗灰分＞9.0%均拒收 （2）卫生指标不合格品拒收或退货	“菜籽粕”的相关标准有《菜籽粕》（GB/T 22514—2008）和《饲料用菜籽粕》（GB/T 23736—2009），本验收标准按照GB/T 23736—2009制定

(4) 饲料添加剂的主成分指标和卫生指标验收值符合强制性标准的规定要求；尚无强制性标准的饲料添加剂，其卫生指标验收值符合推荐性标准的规定要求。部分饲料添加剂现行有效标准目录见附录2。

示例1：对于有国家强制标准的饲料添加剂，如强制性国家标准《饲料添加剂 L-抗坏血酸（维生素C）》（GB 7303—2018）中规定了“维生素C含量、重金属、总砷，辅以熔点、比旋光度”等特征指标，在制定饲料添加剂L-抗坏血酸的验收标准时，必须包含“维生素C含量、重金属、总砷、辅以熔点、比旋光度”等特征指标，验收值应与《饲料添加剂 L-抗坏血酸（维生素C）》（GB 7303—2018）中技术指标一致或更优。《饲料添加剂 L-抗坏血酸（维生素C）》（GB 7303—2018）中具体的技术指标见表3-3。

表3-3 《饲料添加剂 L-抗坏血酸（维生素C）》中技术指标

项目	指标
L-抗坏血酸（以$C_6H_8O_6$计）(%)	99.0 ~ 100.5
熔点（℃）	189 ~ 192
比旋光度〔(°)·dm^2/kg〕	+20.50 ~ +21.50
炽灼残渣（%）	≤0.1
重金属（以Pb计）(mg/kg)	≤10
总砷（以As计）(mg/kg)	≤2.0

示例2：对于有推荐性国家标准或行业标准的饲料添加剂，如饲料添加剂D-泛酸钙仅有推荐性国家标准，在制定饲料添加剂D-泛酸钙的验收标准时，卫生指标应与推荐性国家标准《饲料添加剂 D-泛酸钙》（GB/T 7299—2006）中的一致或更优。《饲料添加剂 D-泛酸钙》（GB/T 7299—2006）中具体的技术指标见表3-4。

表3-4 《饲料添加剂 D-泛酸钙》中技术指标

项目	指标
泛酸钙（$C_{18}H_{32}CaN_2O_{10}$，以干燥品计）(%)	98.0 ~ 101.0
钙含量（Ca，以干燥品计）(%)	8.2 ~ 8.6
氮含量（以干燥品计）(%)	5.7 ~ 6.0
熔点（℃）	189 ~ 192
比旋度(〔α〕^t_D，以干燥品计)	+25.0° ~ +28.5°

（续）

项目	指标
重金属（以Pb计）（%）	≤0.002
干燥失重（%）	≤5.0
甲醇（%）	≤0.3

示例3：对于无强制性和推荐性国家标准的饲料添加剂，如饲料添加剂微生物，其验收标准中卫生指标应与《微生物饲料添加剂技术通则》（NY/T 1444—2007）中的卫生指标一致或更优。《微生物饲料添加剂技术通则》（NY/T 1444—2007）中卫生指标要求见表3-5。

表3-5 《微生物饲料添加剂技术通则》中卫生指标要求

项目	指标	试验方法
黄曲霉毒素B_1（μg/kg）	≤10.0	GB/T 17480—2008
砷（以总砷计）的允许量（mg/kg）	≤2.0	GB/T 13079—2022
铅（以Pb计）的允许量（mg/kg）	≤5.0	GB/T 13080—2018
汞（以Hg计）的允许量（mg/kg）	≤0.1	GB/T 13081—2022
镉（以Cd计）的允许量（mg/kg）	≤0.5	GB/T 13082—2021
杂菌的允许量（%）	≤1.0	NY/T 1444—2007中的5.2
大肠菌群的允许量（%）	$\leq 1.0 \times 10^5$	GB 4789.3—2016
霉菌总数的允许量（个/kg）	$< 2.0 \times 10^7$	GB/T 13092—2006
沙门氏菌的允许量	不得检出	GB/T 13091—2018
致病菌（肠道致病菌及致病性球菌）	不得检出	GB 4789.3—2016、GB 4789.5—2012、GB 4789.10—2016

（5）混合型饲料添加剂的主成分指标和卫生指标验收值应符合相关标准要求。有强制性标准的混合型饲料添加剂，其主成分指标和卫生指标验收值应符合强制性标准要求；有推荐性标准的混合型饲料添加剂，其主成分指标和卫生指标验收值参照推荐性标准执行。

鼓励企业制定的混合型饲料添加剂验收标准中主成分指标和卫生指标验收值优于相关标准的规定。部分混合型饲料添加剂标准见表3-6，可作为企业制定混合型饲料添加剂验收标准的参考依据，现场检查时也可对照。

表3-6　部分混合型饲料添加剂标准

序号	标准编号	标准名称
1	GB/T 22141—2018	混合型饲料添加剂　酸化剂通用要求
2	GB/T 36863—2018	混合型饲料添加剂　防霉剂通用要求
3	GB/T 31215—2014	混合型饲料添加剂　甜味剂通用要求

（6）原料的验收标准中卫生指标与《饲料卫生标准》（GB 13078—2017）的规定一致，且齐全完整；卫生指标的验收值与《饲料卫生标准》（GB 13078—2017）规定值一致或更优；原料的主成分验收指标与《饲料原料目录》中有强制性标识指标一致或更优。同时，对于《饲料原料目录》中“特征描述”有具体用量和指标值要求的部分原料，一是通过核查计算配方，确保原料用量满足《饲料原料目录》中“特征描述”的具体用量要求；二是在制定原料验收标准时，《饲料原料目录》“特征描述”中有具体规定指标值的饲料原料，其验收标准必须规定该指标及其指标值，且指标值与“特征描述”中的指标值一致或更优。饲料原料鱼粉、鱼浆和高岭土等原料的特征描述和强制性标识要求示例见表3-7。如果鱼粉来源于淡水鱼，规范的原料名称必须是“饲料原料　淡水鱼粉”；在“饲料原料　鱼浆”的验收标准中必须对粗蛋白质、粗脂肪、水分、挥发性盐基氮和组胺进行规定，且必须对挥发性盐基氮和组胺含量进行限定，至少应满足挥发性盐基氮含量≤50mg/100g、组胺含量≤300mg/kg的要求；在“饲料原料　高岭土”的验收标准中必须对铅、水分以及水合硅铝酸盐进行规定，同时水合硅铝酸盐含量应≥65%。同时，需检查并核算配方，确认“饲料原料　高岭土”在配合饲料中用量不超过2.5%。

表3-7　部分饲料原料的特征描述和强制性标识要求

原料编号	原料名称	特征描述	强制性标识要求
10.4.4	鱼粉	全鱼或经分割的鱼体经蒸煮、压榨、脱脂、干燥、粉碎获得的产品。在干燥过程中可加入鱼溶浆。不得使用发生疫病和受污染的鱼。该产品原料若来源于淡水鱼，产品名称应标明“淡水鱼粉”	粗蛋白质、粗脂肪、粗灰分、赖氨酸、挥发性盐基氮
10.4.12	鱼浆	鲜鱼或冰鲜鱼绞碎后，经饲料级或食品级甲酸（添加量不超过鱼鲜重的5%）防腐处理，在一定温度下经液化、过滤得到的液态物，可真空浓缩。挥发性盐基氮含量不高于50mg/100g，组胺含量不高于300mg/kg	粗蛋白质、粗脂肪、水分、挥发性盐基氮、组胺
11.1.3	高岭土	以高岭石簇矿为主的含有矿物元素的天然矿物，水合硅铝酸盐含量不低于65%。在配合饲料中用量不得超过2.5%。不得含有石棉	铅、水分

注：摘自《饲料原料目录》。

(7) 添加剂预混合饲料和浓缩饲料的验收标准中卫生指标与《饲料卫生标准》(GB 13078—2017) 的规定一致，且齐全完整；卫生指标的验收值与《饲料卫生标准》(GB 13078—2017) 的规定一致或者更优。

(8) 兽药验收标准与农业农村部公告第246号及后续发布的公告一致。如二硝托胺的验收标准符合农业农村部公告第246号公告附件3中的“二硝托胺预混剂质量标准”，含二硝托胺 ($C_8H_7N_3O_5$) 应为标示量的90.0%～110.0% (规格为25%)。

2.现场检查

(1) 现场查看原料库、小料库、热敏物质储存间、兽药储存间等，随机抽取2～3个原料垛位卡及其标签；在配料间查看小料配料单上各种原料，特别是用代号编码或生僻的原料，抽取其配料单；在中控室查看配料记录 (包括大料配料记录和小料配料记录)，特别是用代号编码或生僻的原料；在留样观察室查看原料留样及留样记录，随机抽取2～3种原料及其留样记录。查看原料验收标准，确认所建立的原料验收标准涵盖所有原料，原料的技术指标齐全完整。

(2) 现场查看过程中，询问企业技术人员、生产管理人员、仓库管理员等相关人员，核实原料的采购、原料验收标准制定与原料使用等情况。特别是小料配料单、配方或相关记录中用字母或符号表示的原料，进一步核实该原料的通用名称等相关信息。

3.核查原料验收标准与原料标签的一致性

查阅在原料库房、配料间、中控室、留样观察室等现场随机抽取2～3种原料的验收标准，逐一核对抽取原料验收标准的具体内容和要求，确认验收标准的具体项目和验收指标值符合要求，抽取2～3个原料标签上的各项指标值符合其验收标准的要求。另外，查看抽取2～3个原料垛位卡上的检测结果符合该原料验收标准的要求。

4.核查原料验收标准与检测报告的一致性

随机抽查3～5种原料供应商提供的“质量检测报告”或企业自行检验报告。核查原料检测报告中各项指标的检测结果，确认各项指标检测结果满足该原料验收标准。

5.其他

部分饲料原料现行有效标准目录见附录3所示。对于目前尚无国家标准和行业标准的饲料原料与饲料添加剂，企业应对照其产品标签、包装标识、采购合同、生产企业的产品标准等制定相应的验收标准。

（四）常见问题

1.企业没有建立原料验收标准或只建立了部分原料验收标准。例如，缺少玉米等大宗原料、部分饲料添加剂或混合型饲料添加剂验收标准；当企业所用饲料原料品种增加或变化时，没有及时补充或更新“原料验收标准”。

2.企业统一采购供分支机构使用的原料，分支机构可以使用企业统一建立的“原料验收标准”，但分支机构自行采购的部分原料未建立相应的验收标准。

3.原料验收标准不规范或信息不完整。

示例：某企业建立的不规范或信息不完整的饲料添加剂和饲料原料验收标准示例见表3-8。由表3-8可以看出，该验收标准存在的主要问题如下：

（1）验收标准中原料名称不规范，如“氧化锌”“拉曼硒”等。

（2）验收标准中缺少关键性技术指标，如有机硒产品缺少“有机硒占总硒比例”的要求。

（3）验收标准中相关指标值低于强制性国家标准的规定值，如饲料添加剂氯化胆碱原料验收标准中氯化胆碱的含量、干燥失重和总砷3个指标值均低于强制性国家标准《饲料添加剂　氯化胆碱》（GB 34462—2017）。

（4）验收标准中部分原料常规营养指标、强制性标识要求的指标和卫生指标不完整，如鸡肉粉验收标准中缺少总磷、钙磷比指标，缺少强制性标识要求酸价、胃蛋白酶消化率指标。

（5）验收标准中原料卫生指标值不符合《饲料卫生标准》（GB 13078—2017）要求。如鸡肉粉验收标准中缺“镉”指标验收值，且卫生指标“细菌总数不大于5×10^6CFU/g”低于《饲料卫生标准》（GB 13078—2017）的规定要求（不大于2×10^6CFU/g）”。

表3-8　不规范或信息不完整的饲料添加剂和饲料原料验收标准示例

分类	商品名称	外观和性状	技术指标
矿物元素及其络（螯）合物	氧化锌	白色或微黄色粉末	（1）氧化锌（ZnO）≥95.0% （2）锌（以Zn计）≥76.3% （3）水分≤0.5% （4）砷（As）含量≤5mg/kg （5）铅（Pb）含量≤20mg/kg （6）细度（15μm试验筛，通过率）≥98%

（续）

分类	商品名称	外观和性状	技术指标
矿物元素及其络（螯）合物	拉曼硒	淡黄色至淡黄棕色粉末或类白色粉末，无肉眼可见杂质	（1）总硒（以Se计）≥2 000mg/kg （2）水分≤6.0% （3）粗灰分≤8.0% （4）砷（As）≤10mg/kg （5）铅（Pb）含量≤30mg/kg （6）镉（Cd）含量≤10mg/kg （7）细菌总数（CFU/g）≤1.0×10^6 （8）沙门氏菌（25g中）不得检出
维生素及类维生素	饲料添加剂维生素A乙酸酯	淡黄色至棕褐色颗粒状粉末，易吸潮，遇热、酸、日光或吸潮后易分解，并使含量下降	（1）含量（以$C_{22}H_{32}O_2$计，占标示量的百分比）90.0%～120.0% （2）干燥失重≤5.0% （3）铅（以Pb计，mg/kg）≤10 （4）砷（以As计，mg/kg）≤3
维生素及类维生素	饲料添加剂氯化胆碱	黄褐色干燥的流动性或颗粒，具有吸湿性，有特异臭味	（1）氯化胆碱含量（以干基计）≥58.0% （2）干燥失重≤5.0% （3）总游离胺/氮[以（$(CH_3)_3N$计]含量≤0.03% （4）细度（850μm试验筛，通过率）≥90% （5）重金属（以Pb计，mg/kg）≤20 （6）总砷（以As计，mg/kg）≤5
动物性饲料原料	饲料原料鸡肉粉	黄褐色粉状，无发霉、变质，无异味	（1）粗蛋白质≥60.0% （2）粗脂肪≤15.0% （3）粗灰分≤15.0% （4）水分≤10.0% （5）赖氨酸≥3.5% （6）挥发性盐基氮≤100mg/100g （7）总砷≤10mg/kg （8）铅≤10mg/kg （9）汞≤0.1mg/kg （10）铬≤5mg/kg （11）氟≤500mg/kg （12）亚硝酸盐（以$NaNO_2$计）≤15mg/kg （13）氰化物（以HCN计）≤50mg/kg （14）游离棉酚≤20mg/kg （15）异硫氰酸酯（以丙烯基异硫氰酸计）≤100mg/kg （16）多氯联苯≤10μg/kg （17）六六六≤0.2mg/kg （18）滴滴涕≤0.05mg/kg （19）六氯苯≤0.01mg/kg （20）霉菌总数≤2×10^4CFU/g （21）细菌总数≤5×10^6CFU/g （22）沙门氏菌（25g中），不得检出

二 原料查验与检验

（一）检查内容与要求

原料查验记录或检验报告。按照原料验收标准逐批对采购原料进行查验或检验，查验记录和检验报告信息完整、客观真实。

兽药使用符合农业农村部公告第246号及后续补充公告的规定要求。

不得使用国务院农业行政主管部门公布的《饲料原料目录》《饲料添加剂品种目录》和农业农村部公告第246号及后续补充公告规定的允许在商品饲料中使用的兽药以外的物质。

不得使用有关法律法规规定的禁用物质。

（二）检查依据

《饲料和饲料添加剂管理条例》第十七条、第二十九条。

《饲料质量安全管理规范》（农业部令2014年第1号）第七条。

农业农村部公告第246号。

农业农村部公告第250号。

农业部公告第1519号。

农业部公告第176号。

《饲料添加剂品种目录》。

《饲料原料目录》。

（三）检查方法与技巧

重点查阅原料查验或检验记录，了解原料使用情况，核查兽药添加量和使用范围，确保不超范围使用兽药，不得使用《饲料原料目录》《饲料添加剂品种目录》以及农业农村部批准允许在商品饲料中使用的抗球虫类药物和促生长类中药以外的物质。

1. 现场查看

（1）现场查看原料库、小料库房、热敏物质储存间、兽药储存间等区域，现场不得存放和使用《饲料原料目录》《饲料添加剂品种目录》和农业农村部批准的抗球虫类药物和促生长类中药以外的物质。查看原料垛位卡及原料领用记录，随机抽取2～5种原料领用记录及其垛位卡，根据原料垛位卡上的信息追溯查阅该原料的查验或检验记录。

（2）查看小料配料单上所使用的小料原料，不得使用《饲料原料目录》《饲料添加剂品种目录》以及农业农村部批准的抗球虫类药物和促生长类中药以外的物质。随机抽取2～3种使用兽药和适用范围有限制要求的饲料添加剂的小料配料单，核查计算兽药和适用范围以及有限制要求饲料添加剂的用量与使用范围，确保兽药和适用范围以及有限制要求饲料添加剂的用量与使用范围符合相关规定要求。

（3）在中央控制室查阅包括大料和小料的生产配方以及中控作业记录。查看配方中所使用的原料，不得使用《饲料原料目录》《饲料添加剂品种目录》以及农业农村部批准的抗球虫类药物和促生长类中药以外的物质。随机抽取2～3种使用兽药和适用范围有限制要求的饲料添加剂的配方，核查计算兽药和适用范围有限制要求的饲料添加剂的用量与使用范围，确保符合相关规定要求。

（4）现场查看成品库和标签存放处。随机抽取2～5种含有兽药和适用范围有限制要求的饲料添加剂的产品标签，核查计算兽药和适用范围有限制要求饲料添加剂的用量与使用范围，确保兽药和适用范围有限制要求饲料添加剂的用量与使用范围符合相关规定要求。

（5）允许作为饲料添加剂使用的食品用香料见《食品安全国家标准 食品添加剂使用卫生标准》（GB 2760）中的食品用香料名单。

2. 原料查验和检验记录

（1）查阅随机抽取的原料垛位卡对应的原料查验或检验记录，核对相关信息，同时抽查近2年的相关原料查验和检验记录；查验记录中原料通用名称、生产企业、生产日期、查验结果等应与原料垛位卡信息一致；查验记录表单要求信息完整、客观真实、字迹清晰。

（2）实施行政许可的国产单一饲料、饲料添加剂、兽药、添加剂预混合饲料、浓缩饲料的，逐批查验许可证明文件编号和产品质量检验合格证，有查验记录。查验记录应包括原料通用名称、生产企业、生产日期、查验内容、查验结果、查验人等信息。查验记录中原料通用名称、生产企业、生产日期、查验结果等应与原料垛位卡信息一致。规范的原料查验记录示例见图3-1。

原料查验记录中，原料"通用名称"与《饲料原料目录》《饲料添加剂品种目录》和农业农村部公告允许在商品饲料中使用兽药的通用名称一致；"生产日期"是原料标签上标注的生产日期而非"进货日期"；"查验内容"应包括生产许可证明文件编号（或进口许可证明文件编号）、饲料添加剂的产品批准文号、兽药批准文号等信息，以及产品质量检验合格证等信息。

（3）实施登记或者注册管理的进口单一饲料、饲料添加剂、药物饲料添加剂、添加剂预混合饲料、浓缩饲料的，逐批查验进口许可证明文件编号，有查验记录。查验记录应包括原料通用名称、生产企业、生产日期、查验内容、查验结果、查验人等信息。查验记录中原料通用名称、生产企业、生产日期、

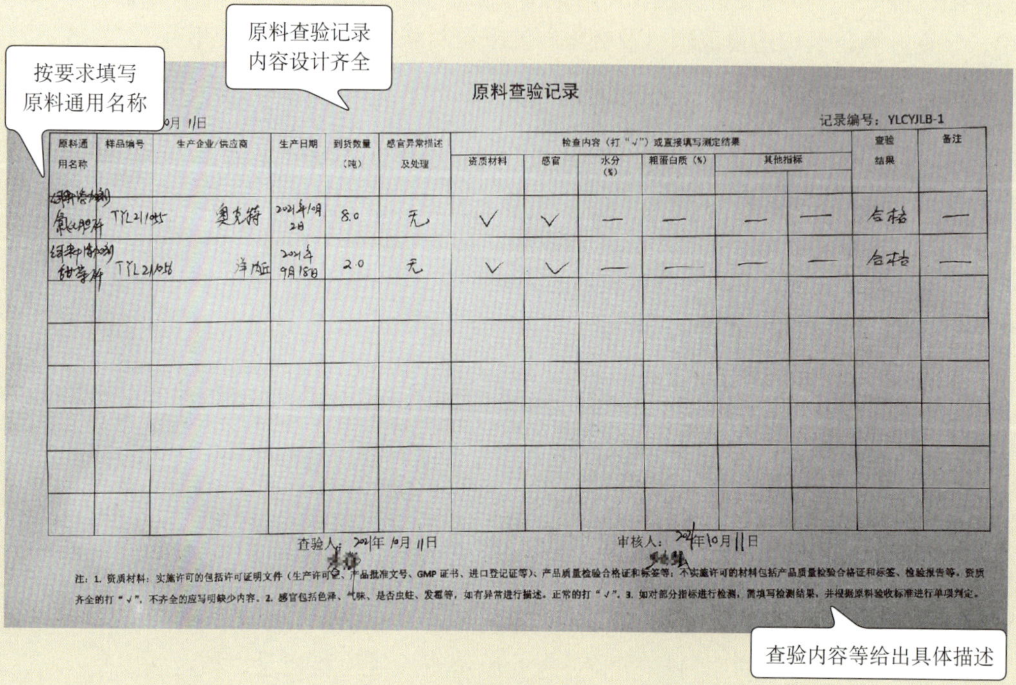

原料查验记录

[illegible]月 1日　　记录编号：YLCYJLB-1

原料通用名称	样品编号	生产企业/供应商	生产日期	到货数量（吨）	感官异常描述及处理	检查内容（打“√”）或直接填写测定结果						查验结果	备注
						资质材料	感官	水分（%）	粗蛋白质（%）	其他指标			
饲料添加剂 氯化胆碱	TYL211055	[illegible]	2021年10月2日	8.0	无	√	√	—	—	—	—	合格	—
饲料添加剂 甜菜碱	TYL211058	[illegible]	2021年9月18日	2.0	无	√	√	—	—	—	—	合格	—

查验人：2021年10月11日　　审核人：2021年10月11日

注：1. 资质材料：实施许可的包括许可证明文件（生产许可证、产品批准文号、GMP 证书、进口登记证等）、产品质量检验合格证和标签等；不实施许可的材料包括产品质量检验合格证和标签、检验报告等，资质齐全的打“√”，不齐全的应写明缺少内容。2. 感官包括色泽、气味、是否虫蛀、发霉等，如有异常进行描述。正常的打“√”。3. 如对部分指标进行检测，需填写检测结果，并根据原料验收标准进行单项判定。

图3-1　规范的原料查验记录示例

查验结果等应与原料垛位卡信息一致。

（4）不需行政许可的原料，依据原料验收标准逐批查验供应商提供的该批原料的质量检验报告，无质量检验报告的，有原料主成分指标的自行检验或委托检验报告，但对委托单位无资质要求。

供应商提供的检验报告的编制、批准等均有相关人员签字，并盖有供应商检验专用章或者单位公章。检验报告中各项技术指标的检测结果应符合被检企业规定的原料验收标准要求，检验结论为“合格”。

企业自行检验报告中检测项目应为原料的主成分指标，并有相关参数的检测原始记录。原始记录中的检测结果应与检验报告一致，并符合原料验收标准要求。原始记录的时间、检验报告出具时间、垛位卡上原料的入库时间等先后顺序合理。

委托检验报告中检验项目应涵盖该原料的主成分指标，检验结果应符合原料验收标准要求，检测结论应为“合格”。检测报告出具时间、垛位卡上原料的入库时间等先后顺序合理。

对于检验结果为“不合格”的原料，进一步追溯该原料查验记录或检验报告。对于卫生指标不合格的原料不得接收使用；对于非卫生指标不合格的原料，企业可以让步接收，但应符合企业让步接收的相关规定。

3.核查兽药的用量和使用范围

通过查阅配料单、配方、标签等确认企业是否使用了兽药。如果确认企业使用了兽药，依据配料单、配方核算兽药的用量，核查兽药使用动物范围。兽药的使用符合农业农村部公告第246号及后续补充公告的规定，不得超范围、超量使用兽药。

4.核查饲料添加剂适用范围

通过查阅配料单、配方、标签等，核查配料单、配方或标签中所用饲料添加剂的适用动物范围，确认饲料添加剂适用范围符合《饲料添加剂品种目录》的规定，不得超范围使用。

5.其他

（1）浓缩饲料、复合预混合饲料、微量元素预混合饲料、维生素预混合饲料和饲料原料的主成分指标是指《饲料标签》（GB 10648—2013）中各类产品的“产品分析保证值项目”。

（2）饲料添加剂和混合型饲料添加剂的主成分指标主要包括其主成分含量指标、特征性指标等。

（3）不同原料其主成分指标不同。例如，饲料原料米糠的主成分指标为粗脂肪、酸价、粗纤维（《饲料原料目录》中1.2.13）；饲料原料米糠饼的主成分指标为粗蛋白质、粗脂肪、粗纤维（《饲料原料目录》中1.2.14）；饲料原料菜籽饼的主成分指标为粗蛋白质、粗脂肪（《饲料原料目录》中2.2.2）；饲料添加剂氯化胆碱的主成分指标为氯化胆碱的含量、干燥失重等；饲料添加剂硫酸铜的主成分指标为硫酸铜和铜的含量。

（四）常见问题

1.使用食品添加剂。如使用食品添加剂食盐和磷酸二氢钠，现场示例见图3-2。

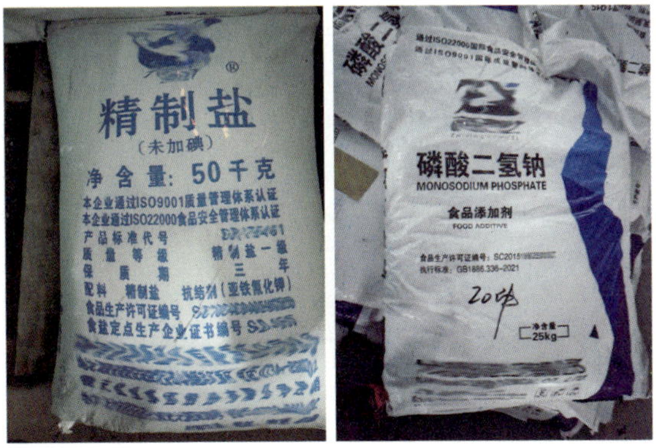

图3-2 使用食品添加剂食盐和磷酸二氢钠示例

2.实施行政许可的原料查验记录不规范。如验收记录中无原料“通用名称”、原料“经销商”等信息或记录信息不完整；查验内容不具体、无查验日期、无检查人员签字等。不规范的原料查验记录示例见图3-3。

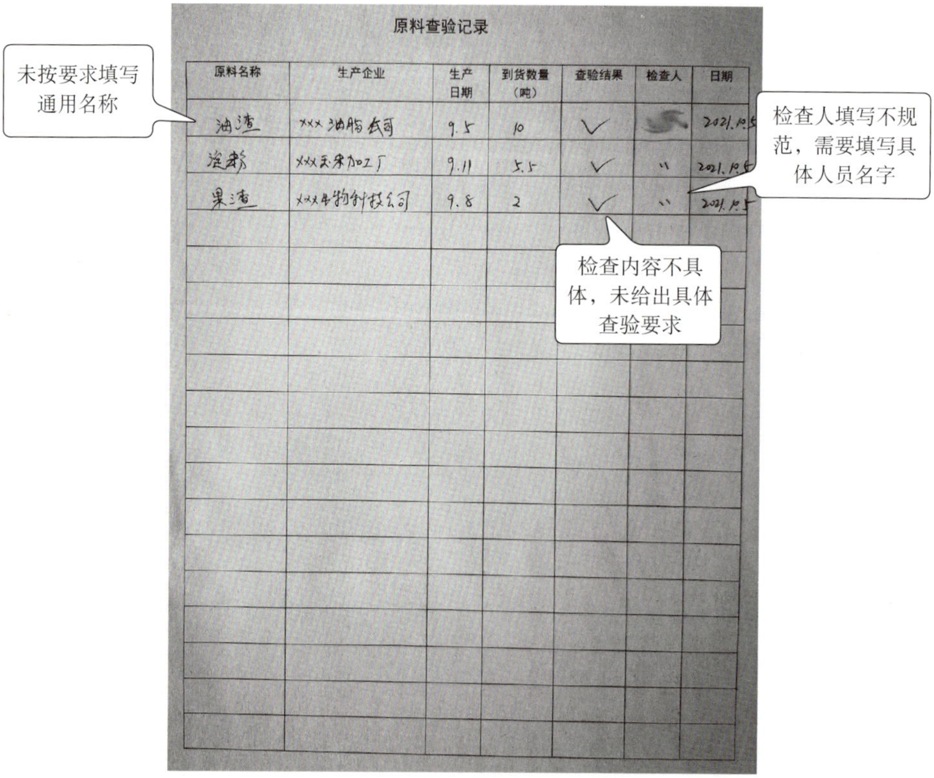

原料查验记录

原料名称	生产企业	生产日期	到货数量（吨）	查验结果	检查人	日期
油渣	xxx油脂公司	9.5	10	√	[illegible]	2021.10.5
淀粉	xxx玉米加工厂	9.11	5.5	√	〃	2021.10.5
果渣	xxx生物科技公司	9.8	2	√	〃	2021.10.5

图3-3　不规范的原料查验记录示例

3.不实施行政许可原料的自行检验报告不规范。如检测指标不全，不能涵盖所有主成分指标；无检测原始记录或原始记录中只有单样检测结果，无相关检测设备的使用记录等。

4.未做到批批查验或检验，仅对重要原料或高值原料进行查验或检验。

5.查验和检验的记录不全，未对记录进行规范管理。

三 原料卫生指标检验

（一）检查内容和要求

每3个月至少选择5种原料对其主要卫生指标进行检测。

自行检验或委托检验报告规范、信息完整、客观真实。

（二）检查依据

《饲料和饲料添加剂管理条例》第十七条。

《饲料质量安全管理规范》（农业部令2014年第1号）第七条。

《饲料卫生标准》（GB 13078—2017）。

现行有效的饲料添加剂强制性国家标准。

《饲料标签》（GB 10648—2013，含1号修改单）。

（三）检查方法及技巧

1.查阅原料卫生指标检测计划

（1）每3个月至少选择5种原料对其主要卫生指标进行检测，企业应制定原料卫生指标检测计划。

（2）查阅原料卫生指标检测计划。检测计划应包括每个季度检测的原料名称、卫生指标、检测方法、检测方式（自行检测或有资质机构委托检测）等信息。检测计划应对每种原料的卫生指标、检测方法、检测方式等具体内容有清楚、准确、简明的描述和要求。

2.核查卫生指标限量及检测方法

（1）对于饲料原料、浓缩饲料和添加剂预混合饲料，其卫生指标的限量要求及检测方法按照《饲料卫生标准》（GB 13078—2017）的规定执行。例如，石粉和凹凸棒等中铅限量要求不大于15mg/kg，其检测方法按照《饲料中铅的测定　原子吸收光谱法》（GB/T 13080—2018）的规定执行。

如果“原料验收标准”中某种原料的卫生指标验收值比《饲料卫生标准》（GB 13078—2017）的规定值要求更严格，则该原料的卫生指标按照企业制定的原料验收标准中的规定值执行。

（2）对于有强制性国家标准、推荐性国家标准或推荐性农业行业标准的饲料添加剂，其卫生指标的限量要求及检测方法按照相关标准规定执行；无国家标准或行业标准的饲料添加剂，按照企业制定的“原料验收标准”规定执行。例如，饲料添加剂磷酸氢钙有国家强制性标准《饲料添加剂　磷酸氢钙》（GB 22549—2017），则饲料添加剂磷酸氢钙中铅、砷、铬、镉等重金属指标的限量要求、检测方法等应按照该标准的规定执行。

（3）对于有强制性标准的混合型饲料添加剂，其卫生指标的限量要求及检测方法应按照强制性标准执行；有推荐性国家标准或推荐性农业行业标准的混合型饲料添加剂，其卫生指标的限量要求及检测方法参照推荐性标准执行；无国家标准或行业标准的混合型饲料添加剂，按照企业制定的“原料验收标准”规定执行。例如，混合型饲料添加剂糖精钠目前尚无可执行的标准，则混合型饲料添加剂糖精钠中的铅、砷、汞、镉等卫生指标的限量要求、检测方法应按照企业制定的“原料验收标准”规定执行。

（4）核查原料产品标签和原料产品标准中原料卫生指标及其检测标准，如果原料产品标签和标准中卫生指标限值严于“原料验收标准”的规定，则应按照原料产品标签和标准中的卫生指标限值执行。

3.查阅原料卫生指标检测报告

（1）查阅近1年的原料卫生指标检测报告和原始记录，记录中检测结果应符合有关规定要求，根据检测结果和相关规定要求核查判定结果。例如，饲料原料石粉中汞含量的测定，检测结果必须满足《饲料卫生标准》（GB 13078—2017）的规定要求，即原料中汞含量不大于0.1mg/kg；否则，判定该原料不合格。

（2）查阅每个季度的原料卫生指标检测评价报告，对检测结果进行汇总分析和评价，提出可行性意见和建议。检测结果不合格的原料应有处理措施和处理记录，按照相关规定对不合格原料有效处理，不得存在不合格原料与合格原料混合后使用现象；检测结果处于临界值的原料应有相应的防范措施或进一步追踪检测的记录。

（3）如果企业对原料卫生指标进行自行检测，查阅原料卫生指标原始记录。原始记录应包括原料名称或者编号、检验项目、检验方法、计算公式中符号的含义和数值、检验结果、检验日期、检验人等信息。每一个项目参数的检测应同时做2个平行样。原始记录信息完整、客观真实、字迹清晰，具有可追溯性并归档保存。某企业自行检测玉米赤霉烯酮原始记录示例见图3-4。

（玉米赤霉烯酮）毒素检测原始记录（酶联免疫法）

检验日期：2021年10月9日　　流水号：JCJYSJLB　No:005　记录编号：SCTW/PGB-JL-08

样品编号	样品名称	序号	称样质量m(g)	提取液体积V（mL）	查曲线得到的目标物浓度c（μg/mL）	检测结果X（μg/kg）	检测均值X_0（μg/kg）	相对偏差(%)
DDYL2110037	米糠	1	1.00	25.00	0.611	15.3	15.4	1
		2	1.00	25.00	0.623	15.6		
计算公式：x=（c×V）/m								

检验人：　　复核人：　　审核人：

图3-4　某企业自行检测玉米赤霉烯酮原始记录示例

(4) 如果企业对原料卫生指标进行委托检验，查阅委托检验报告。委托检验报告规范，信息完整，有检测机构公章、授权签字人签字等，委托检测卫生指标所采用的方法符合《饲料卫生标准》(GB 13078—2017) 的规定。同时，核查委托检测机构的计量认证或者实验室认可证书及附表复印件。委托检验检测机构应经过资质认定、机构考核等，具有CMA、CATL、CNAS等资质证书，且在有效期内，委托检测的卫生指标必须在其授权能力范围内。

(四) 常见问题

1. 未建立卫生指标的年度检测计划和实施方案，检测的饲料原料种类和检测项目随机性强，只检测企业擅长检测的项目，对结果的评价分析不够详细和全面，只关注合格与否，对于个别卫生指标检测结果较高的原料，没有及时进行追踪分析并采取措施。某企业常年只检测植物性饲料原料中的真菌毒素示例见图3-5。

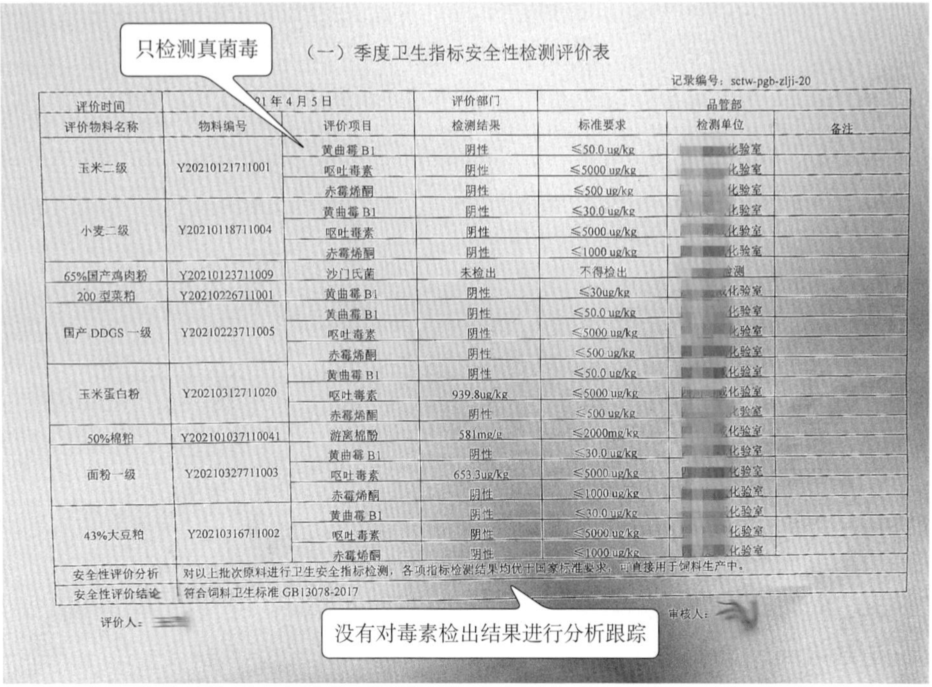

(一) 季度卫生指标安全性检测评价表

记录编号：sctw-pgb-zljì-20

评价时间	21年4月5日		评价部门	品管部		
评价物料名称	物料编号	评价项目	检测结果	标准要求	检测单位	备注
玉米二级	Y20210121711001	黄曲霉B1	阴性	≤50.0 ug/kg	[redacted]化验室	
		呕吐毒素	阴性	≤5000 ug/kg	[redacted]化验室	
		赤霉烯酮	阴性	≤500 ug/kg	[redacted]化验室	
小麦二级	Y20210118711004	黄曲霉B1	阴性	≤30.0 ug/kg	[redacted]化验室	
		呕吐毒素	阴性	≤5000 ug/kg	[redacted]化验室	
		赤霉烯酮	阴性	≤1000 ug/kg	[redacted]化验室	
65%国产鸡肉粉	Y20210123711009	沙门氏菌	未检出	不得检出	[redacted]检测	
200型菜粕	Y20210226711001	黄曲霉B1	阴性	≤30ug/kg	[redacted]化验室	
国产DDGS一级	Y20210223711005	黄曲霉B1	阴性	≤50.0 ug/kg	[redacted]化验室	
		呕吐毒素	阴性	≤5000 ug/kg	[redacted]化验室	
		赤霉烯酮	阴性	≤500 ug/kg	[redacted]化验室	
玉米蛋白粉	Y20210312711020	黄曲霉B1	阴性	≤50.0 ug/kg	[redacted]化验室	
		呕吐毒素	939.8ug/kg	≤5000 ug/kg	[redacted]化验室	
		赤霉烯酮	阴性	≤500 ug/kg	[redacted]化验室	
50%棉粕	Y202101037110041	游离棉酚	581mg/g	≤2000mg/kg	[redacted]化验室	
面粉一级	Y20210327711003	黄曲霉B1	阴性	≤30.0 ug/kg	[redacted]化验室	
		呕吐毒素	653.3ug/kg	≤5000 ug/kg	[redacted]化验室	
		赤霉烯酮	阴性	≤1000 ug/kg	[redacted]化验室	
43%大豆粕	Y20210316711002	黄曲霉B1	阴性	≤30.0 ug/kg	[redacted]化验室	
		呕吐毒素	阴性	≤5000 ug/kg	[redacted]化验室	
		赤霉烯酮	阴性	≤1000 ug/kg	[redacted]化验室	
安全性评价分析	对以上批次原料进行卫生安全指标检测，各项指标检测结果均优于国家标准要求，可直接用于饲料生产中。					
安全性评价结论	符合饲料卫生标准 GB13078-2017					

评价人：[redacted]　　审核人：

图3-5　某企业常年只检测植物性饲料原料中的真菌毒素示例

2. 企业自行检测原始记录不规范，信息不完整，缺乏可追溯性。

3. 未认真核查委托检验报告的数据和判定标准，导致错漏不合格结果。

四 原料进货台账

（一）检查内容和要求

原料进货台账信息完整、客观真实。

原料进货台账保存期限为2年。

（二）检查依据

《饲料和饲料添加剂管理条例》第十七条。

《饲料质量安全管理规范》（农业部令2014年第1号）第八条。

（三）检查方法及技巧

1.查阅原料进货台账

（1）随机查阅原料进货台账。原料进货台账应包括原料通用名称及商品名称、生产企业或者供货者名称、联系方式、产地、数量、生产日期、保质期、查验或者检验信息、进货日期、经办人等信息。进货台账应信息完整、客观真实，格式相对固定。规范的原料进货台账示例见图3-6。

进货日期	原料通用名称	商品名称	检验日期	生产日期或批次号	合同号	供应商	生产企业	生产许可证号	联系人	联系电话	检验结果	入库量(t)	保质期	采购员	产地
2021.10.9	鱼粉	—	2021.10.15	2021.09.25	YF20211009	—	江苏安泰	苏饲证(2020)*****	王五	138****0000	合格	28	12个月	李四	江苏

图3-6　规范的原料进货台账示例

原料进货台账信息填写要求如下：

①原料通用名称及商品名称：必须填写原料通用名称及其商品名称，无商品名称的填写通用名称，有商品名称的不能仅填写商品名称。

②生产企业或者供货者名称：供货方是生产企业的则填写生产企业名称；供货方是经销商的则填写经销商名称。也可同时填写生产企业或者供货者名称。

③联系方式：填写生产企业或经销商的手机、固定电话，也可填写具体联系人的姓名及联系电话。

④产地：该批次原料的详细产地，具体到省（自治区、直辖市）、市、区（县）等行政区。

⑤数量：该批次原料的进货总量，单位如kg、t等。

⑥生产日期：该批次原料的具体生产日期，具体到年、月、日，可以细化到具体批次。

⑦保质期：该批次原料的保质期，可以是年、月、日。

⑧查验或者检验信息：该批次原料进货前后的查验或者检验情况，可以填写查验或检验最终结果，如“合格”；也可以同时列举检测的具体指标和检测数据等。

⑨进货日期：该批次原料实际进入企业的时间，准确填写到年、月、日。

⑩经办人：具体办理人员签字，采用电子记录的则应有电子签名。

（2）原料进货台账填写信息完整，不可简化或用字母等替代相关信息内容，特别是原料的通用名称。原料进货台账不仅限于上述要求的内容信息，可比上述要求的内容更详细，如可增加该原料的许可证明文件编号、批准文号等信息。

（3）现场检查原料库、配料间等，随机抽查3 ~ 5种原料的垛位卡及标签，进一步追溯原料进货台账。核查原料进货台账信息与现场的垛位卡、标签等信息的一致性。询问相关人员，进一步核实原料采购、进货台账的建立与记录等情况。

2.原料进货台账保存

原料进货台账保存期限不得少于2年，并按要求归档管理。可以装订成册，分类留存，易于查阅。

（四）常见问题

原料进货台账信息不全，填写不规范。如缺少原料通用名称、经办人、原料产地等信息；生产企业名称填写不全、无生产许可证信息等。不规范原料进货台账示例见图3-7。

“原料名称”栏应为“原料通用名称”，应按通用名称准确填写，如“羽毛粉”应填写“膨化羽毛粉”或“水解羽毛粉”

生产企业名称填写不完整

生产许可证号应填写实际许可证编号

进货日期	原料名称	商品名称	检验日期	生产日期或批次号	合同号	供应商	生产企业	生产许可证号	联系人	联系电话	检验结果	入库量（吨）	保质期	采购员	产地
2021.10.9	羽毛粉		2021.10.15	2021.09.25	YMF2021 1009	—	江苏	合格	王五	138****0000	合格	28	12个月	李四	江苏

图3-7 不规范原料进货台账示例

五 原料“一垛一卡”管理

（一）检查内容和要求

按照“一垛一卡”原则对原料实施垛位卡管理。

垛位卡信息完整、客观真实。

（二）检查依据

《饲料质量安全管理规范》（农业部令2014年第1号）第十条。

（三）检查方法及技巧

1.检查原料库和储存间

(1) 现场查看包括大宗原料、饲料添加剂、混合型饲料添加剂、添加剂预混合饲料、浓缩饲料、兽药等原料库和储存间。原料库或储存间应划线分区，所有原料应按照原料类别分区码垛存放，垛位与垛位之间、垛位与墙壁之间保持适当距离。原料垛位实施“一垛一卡”管理，垛位卡悬挂在垛位的正面或显著位置，以便于查看、填写等操作。原料库垛位规划和原料存放示例见图3-8。

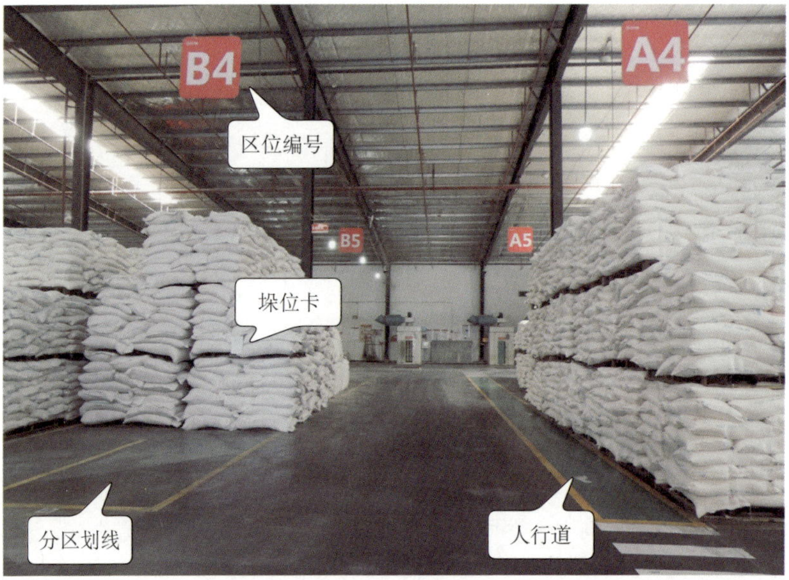

图3-8　原料库垛位规划和原料存放示例

（2）对于采用托盘堆放方式的原料，不同种类原料或不同批次的原料应堆放在不同托盘上，即使留存量较少的原料，也不应与其他原料混放在同一托盘上。托盘现场摆放整齐，托盘上物料均匀置放，原料摆放不能超出托盘边缘，整齐有序，物料的垛位卡与托盘一一对应，垛位卡挂放位置便于取放、记录和查看。托盘存放原料示例见图3-9。

图3-9　托盘存放原料示例

（3）对于采用货架式存放方式的原料，原料摆放不能超出货架托盘边缘，不同种类原料或不同批次的原料应堆放在不同层格架，不同层格架上物料的标识卡应挂放在货架面向通道的一侧，物料标识卡与层格架一一对应，并易于取放、记录和查看。货架式存放原料示例见图3-10。

图3-10　货架式存放原料示例

（4）对于机头机尾料、清洗料、不合格品等物料，应有固定的存放区域和清晰的标识牌，按类别或产品归类分区存放，堆放整齐有序，并设置有垛位卡。堆垛实行“一垛一卡”管理。垛位卡应包括产品名称、日期、数量等信息。“机头机尾料”标识卡示例见图3-11，生产线清洗料存放示例见图3-12。

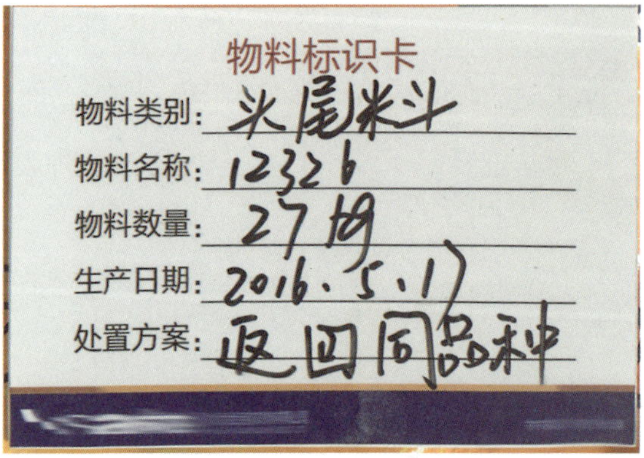

图3-11 “机头机尾料”标识卡示例

图3-12 生产线清洗料存放示例

2.核查垛位卡信息内容

（1）现场核查垛位卡信息。垛位卡应包括原料名称（不要求必须是通用名称）、供应商简称或代号、垛位总量、已用数量、检验状态等信息。垛位卡的信息应完整、客观真实、字迹清晰，具有可追溯性。

（2）对于垛位原料的“检验状态”信息，一般包括待检、合格与不合格3种状态。目前，原料检验信息状态有两种方式：一种是垛位卡包含原料检验状态，示例见图3-13；另一种方式是挂牌标识原料检验状态，示例见图3-14。同时，询问相关人员，根据检测结果及时标示垛位原料的“检验状态”信息，确认原料检验状态与检测工作同步进行。

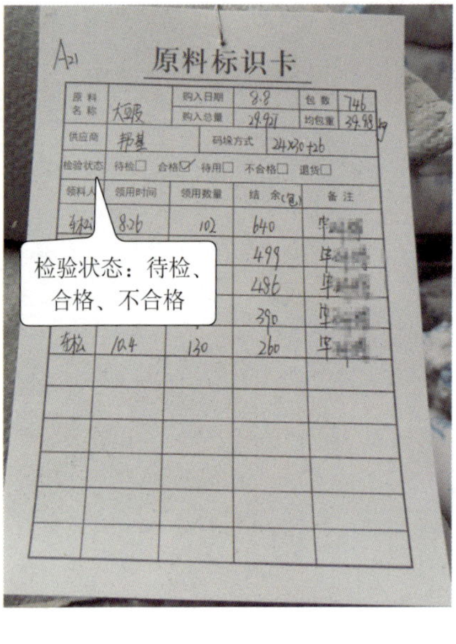

图3-13 垛位卡包含原料检验状态示例

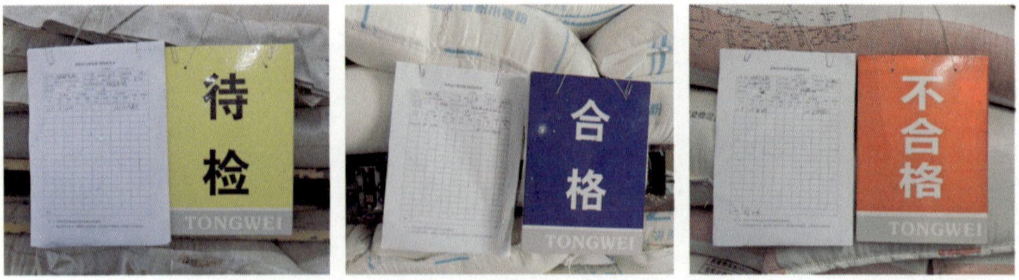

图3-14 挂牌标识原料检验状态示例

(3) 原料垛位卡信息应涵盖《饲料质量安全管理规范》中所要求的内容，垛位卡可以与原料出入库记录合并为一张表单。垛位卡信息除原料名称、供应商简称或者代码、垛位总量、已用数量、检验状态外，也可填写进货日期、保质期截止日期、出库日期和数量、保管人员等信息。垛位卡与原料出入库记录合并示例见图3-15。

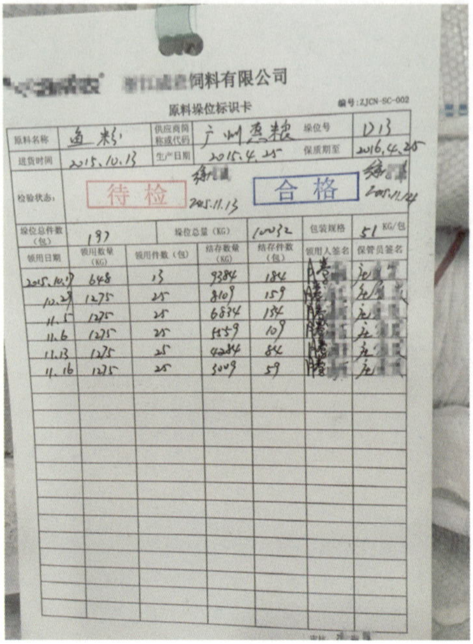

图3-15 垛位卡与原料出入库记录合并示例

(4) 结合垛位卡信息，核查垛位卡信息与实际存放原料一致性，以及“垛位总量”“已用数量”与“剩余数量”的一致性，即“已用数量”与“剩余数量”之和应该等于“垛位总量”；同时，重点核查垛位上的“半包”或是已经开封的原料数量应与记录一致；垛位卡上应有相关人员签名。

3. 检查原料堆放规范性

(1) 对原料库进行合理规划，并有库位规划图。垛位规划科学合理，方便原料的取用，便于实施“先进先出”原则；原料存放应与原料库位规划图上标示的原料信息一致。某企业原料库规划图示例见图3-16。

(2) 结合原料管理制度，现场询问企业相关人员垛位间距、垛位与墙壁间距、码垛高度等要求；垛位码放规范整齐，易于取用，垛位高度无安全隐患。原料码垛规范示例见图3-17。

(3) 原料堆放现场整洁干净，地面平整，无污垢和杂物积存。

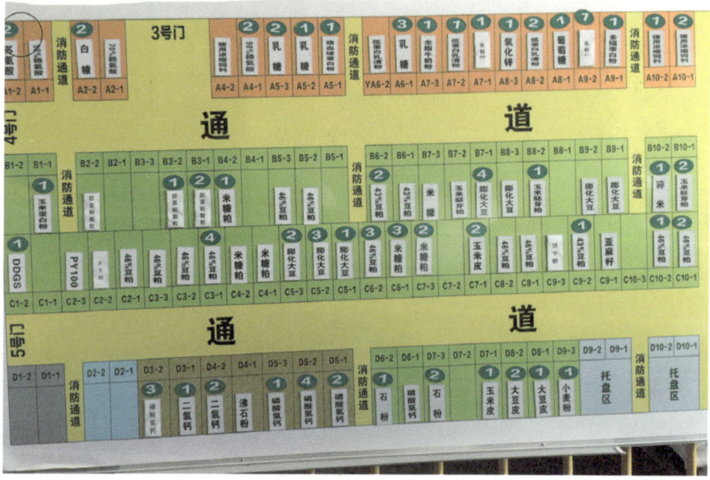

图3-16　某企业原料库规划图示例

图3-17　原料码垛规范示例

（四）常见问题

1.垛位码放不规范，垛位与垛位之间无距离，垛位倾斜，存在安全隐患。垛位与垛位之间无距离、垛位倾斜、垛位与墙体之间无距离示例分别见图3-18、图3-19和图3-20。

图3-18　垛位与垛位之间无距离示例

图3-19 垛位倾斜示例

图3-20 垛位与墙体之间无距离示例

2.没有按照“一垛一卡”原则进行原料管理，存在同一垛位存放多种原料，或一个垛位出现多个垛位卡等不规范现象。一个垛位出现多个垛位卡示例见图3-21。

3.垛位卡信息不完整，存在检验信息没有及时填写、垛位总量与已用数量等与实际存量不一致、填写数字错误等现象。垛位卡相关数据错误示例见图3-22。

图3-21　一个垛位出现多个垛位卡示例

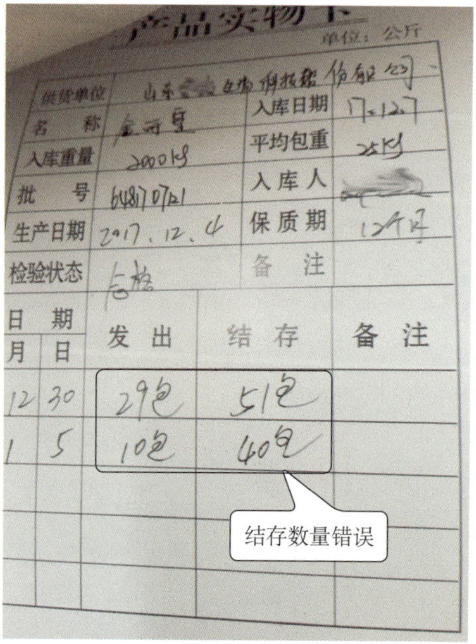

图3-22　垛位卡相关数据错误示例

4. 货架式仓库的垛位卡没有固定挂放，极易产生混淆。
5. 垛位卡未能及时归档，保存不善，无可追溯性。

六 热敏物质储存

（一）检查内容和要求

存放维生素、微生物添加剂和酶制剂等热敏物质的储存间面积与生产规模相匹配，密闭隔热性能良好，并配备与库房面积相匹配的空调。

有温度监控记录，记录信息完整，客观真实。

垛位卡信息完整、客观真实。

（二）检查依据

《饲料质量安全管理规范》（农业部令2014年第1号）第十一条。

《饲料生产企业许可条件》（农业部公告第1849号）第十六条。

（三）检查方法和技巧

1.检查热敏物质储存间

（1）现场查看存放维生素、微生物添加剂和酶制剂等热敏物质的储存间，热敏物质储存间相对独立，不得存放其他无关物品，不得与其他物料如兽药等共用；储存间密闭性能良好，并配备空调。

询问采购、原料库管等相关人员热敏物质原料进货、周转及使用情况，依据生产能力、产品品种等，判断热敏物质的使用情况，核算其使用量，确认储存间面积与生产规模相匹配。热敏物质储存间示例见图3-23。

图3-23　热敏物质储存间示例

（2）热敏物质储存间内按照热敏物质品种分类码垛存放，垛位与垛位、垛位与墙体之间保持适当距离，垛位堆放整齐；有垛位卡，每个垛位悬挂一个标识卡，做到“一垛一卡”管理；标识卡悬挂在醒目位置，且易于取放、填写与查看。热敏物质存放示例见图3-24。

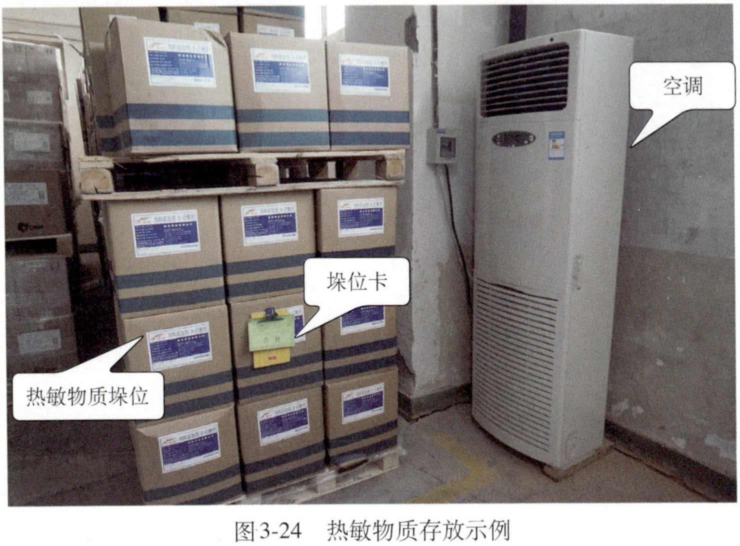

图3-24　热敏物质存放示例

（3）对于采用货架式存放方式的，摆放不得超出货架托盘边缘，不同种类或同一种类不同批次的热敏性物质应堆放在不同层格架，不同层格架上标识卡应挂放在货架面向通道的一侧，物料标识卡与层格架一一对应，易于取放、记录和查看。货架式存放热敏物质示例见图3-25。

图3-25　货架式存放热敏物质示例

（4）现场核查垛位卡信息。垛位卡应包括热敏性物质名称（不要求必须是通用名称）、供应商简称或代号、垛位总量、已用数量、检验状态等信息。垛位卡的信息应完整、客观真实、字迹清晰，具有可追溯性。

2.查看温控设备

现场查看热敏物质储存间温控设备——空调。空调的功率应与热敏物质储存间大小匹配，并能正常运转。温度计设置位置合理，能真实反映储存间内的温度情况。温度计不宜安装在门口或靠近窗户或是在空调的正前方。热敏物质储存间内的温度监控示例见图3-26。

图3-26　热敏物质储存间内的温度监控示例

3.查阅温度监控记录

温度监控记录应包括设定温度、实际温度、监控日期、监控时间、异常情况及处置、记录人等信息。记录表单要求信息完整、客观真实、字迹清晰。监控温度不应超过“设定温度”，如果温度监控记录中有超过“设定温度”的情况，应有异常情况处置措施等相关的记录内容。温度监控记录示例见图3-27。

温度监控记录应注意以下两点：

（1）合理设定监控时间。应在一天中室外温度相对最高的时间点（14:00—15:00）监测温度。夏天室外温度较高时，室内温度应满足要求；在室外温度较低的季节，可根据实际情况降低观察频次，并在相关制度中有明确规定监控要求；对室外气温普遍低于20℃的季节，可不再进行温度监测。

（2）合理设定监控温度。饲料添加剂维生素、酶制剂、微生物等对温度比较敏感的原材料，对储存温度要求比较严格，“设定温度”应满足热敏物质储存间内存放的所有原料中要求最严格的温度。热敏物质储存间的温度计和温度监控记录示例见图3-28。

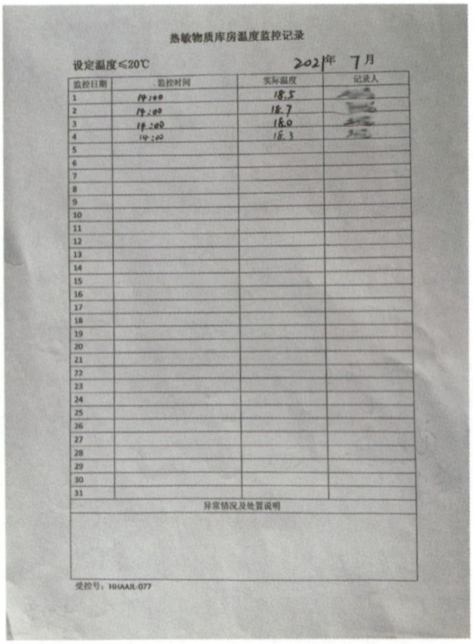

热敏物质库房温度监控记录

设定温度≤20℃　　2021年 7月

监控日期	监控时间	实际温度	记录人
1	14:00	18.5	[illegible]
2	14:00	18.7	[illegible]
3	14:00	18.0	[illegible]
4	14:00	18.3	[illegible]
5			
6			
7			
8			
9			
10			
11			
12			
13			
14			
15			
16			
17			
18			
19			
20			
21			
22			
23			
24			
25			
26			
27			
28			
29			
30			
31			

异常情况及处置说明

受控号：HHAAJL-077

图3-27　温度监控记录示例

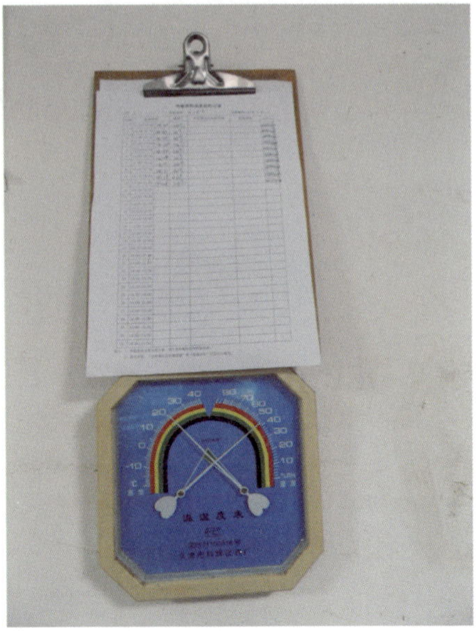

图3-28　热敏物质储存间的温度计和温度监控记录示例

4.其他

（1）饲料添加剂维生素、酶制剂、微生物等热敏性物质储存遵循其产品标准和标签的储存条件要求，并非所有的饲料添加剂维生素、酶制剂、微生物均需在“阴凉”条件下储存。非热敏性物质以外的其他类别原料也应根据其产品标准和标签上标注的储存条件要求执行。

（2）不购置或不使用饲料添加剂维生素、酶制剂、微生物等热敏性物质的企业，可以不设置热敏性物质储存间。

（四）常见问题

1. 无热敏物质储存间。部分中小规模企业，使用热敏物质较少，条件有限或对储存条件不重视，没有设置热敏性物质储存间。

2. 热敏物质储存间与实际生产能力不匹配。与生产规模相比，热敏物质储存间面积偏小，导致部分热敏物质未能按要求存放。

3. 热敏物质储存间不独立，管理不规范。存在如下情况：

（1）热敏物质与其他物质储存间共用，如存放兽药、生活用品、其他设备等。

（2）将热敏物质储存间作为工人休息室使用。

（3）热敏物质储存间密封不严、保温效果差。

（4）热敏物质储存间无温度计、无温度监控记录等。

4. 温度监控记录不规范。温度监控记录信息不详细、不客观，无设定温度，存在温度监控记录中实测温度已超过设定温度，但未采取有效措施的现象。不规范温控记录示例见图3-29。

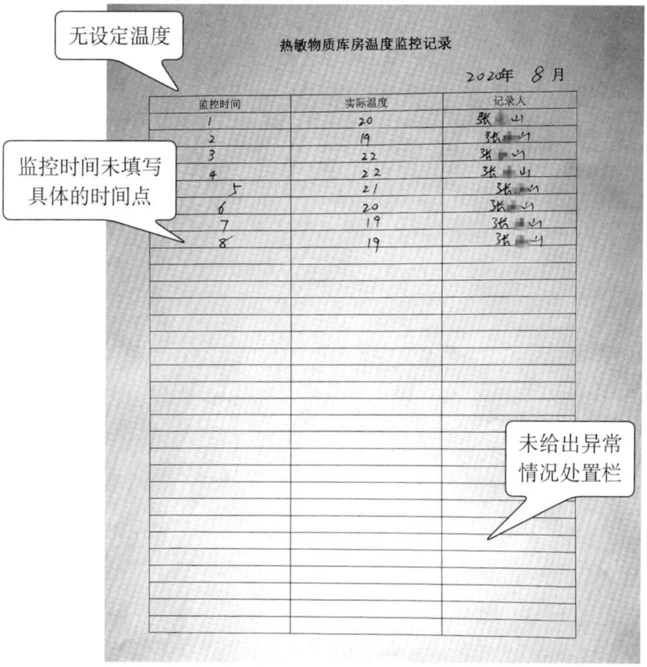

图3-29　不规范温控记录示例

七 兽药储存

（一）检查内容和要求

有独立的储存间存放兽药。

储存间面积与生产规模相匹配。

垛位卡信息完整、客观真实。

（二）检查依据

《饲料生产企业许可条件》（农业部公告第1849号）第十六条。

（三）检查方法及技巧

1.检查兽药储存间

（1）现场查看存放兽药的储存间。兽药储存间相对独立，不得存放其他无关物品，不得与其他原料如热敏物质等共用；兽药储存间密闭性能良好。兽药储存间示例见图3-30。

图3-30 兽药储存间示例

询问采购、原料库管等相关人员兽药进货、周转及使用情况，依据生产能力、产品品种、类别等，判断兽药具体使用情况，确保储存间面积与生产规模相匹配。

（2）兽药储存间内按照兽药品种分类码垛存放，垛位与垛位、垛位与墙体之间保持适当距离，垛位堆放整齐，具备有效的防潮措施。有垛位卡，每个垛位仅悬挂一个标识卡，做到“一垛一卡”管理；标识卡悬挂在醒目位置，易于取放、记录和查看。兽药存放示例见图3-31。

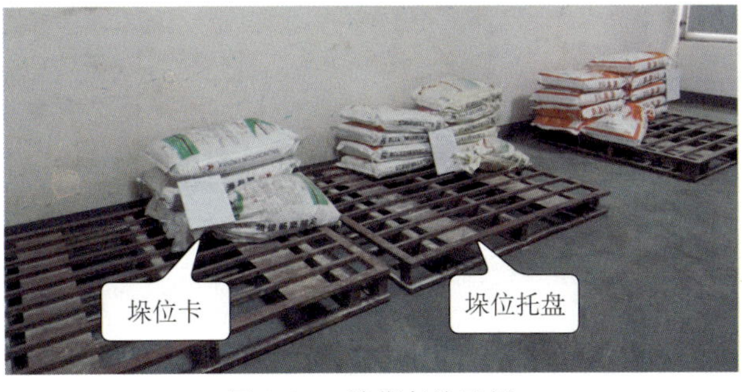

图3-31 兽药存放示例

(3) 现场核查垛位卡信息。垛位卡应包括兽药名称（不要求必须是通用名称)、供应商简称或代号、垛位总量、已用数量、检验状态等信息。垛位卡的信息应完整、客观真实、字迹清晰，具有可追溯性。

随机抽查2 ~ 3个垛位卡，核实垛位卡上的信息与实际存放兽药的一致性。如核查“垛位总量”“已用数量”与“剩余数量”的一致性，包装已经开封的兽药数量应与记录一致；垛位卡上应有相关人员签名。

2.核查兽药使用情况

查阅原料进货台账、小料配料单和大料配料记录等，核查兽药用量，询问质量、技术等相关人员，确认兽药使用符合相关规定要求，不存在超量、超范围使用兽药或使用禁用物质情况。

随机抽查加药饲料产品标签2 ~ 3个或加药饲料产品配方，追溯生产过程中的各项记录，核查使用兽药名称、数量等，确认兽药名称和添加量与标签一致。

（四）常见问题

1.兽药储存间不独立，管理不规范。兽药与其他物质储存间共用，存放其他原料或物品；堆放混乱，未按照“一垛一卡”管理，垛与垛之间没有合理间隔。

2.兽药储存间面积与实际生产能力不匹配。

第四章
CHAPTER 4

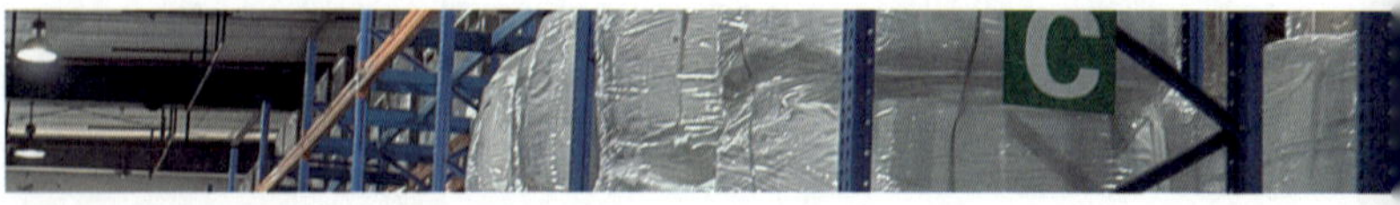

生产线要求

重点检查企业生产车间、生产线设立、生产线除尘方式。生产车间、生产线设立、生产线除尘方式符合《饲料生产企业许可条件》相关规定要求，生产线粉尘控制有效。

一、生产车间和生产线设立

（一）检查内容和要求

添加剂预混合饲料生产线单独设立，生产设备不得与配合饲料、浓缩饲料、精料补充料生产线共用。

同时生产固态添加剂预混合饲料和液态添加剂预混合饲料的生产车间应分别设立。

同时生产添加剂预混合饲料和混合型饲料添加剂的，生产车间应分别设立。

反刍动物添加剂预混合饲料生产线与其他含有动物源性成分的添加剂预混合饲料生产线应分别设立。

反刍动物饲料的生产线应单独设立，生产设备不得与其他非反刍动物饲料生产线共用。

（二）检查依据

《饲料生产企业许可条件》（农业部公告第1849号）第十一条、第十七条、第十九条。

（三）检查方法与技巧

1.添加剂预混合饲料生产线单独设立，生产设备不得与配合饲料、浓缩饲料、精料补充料生产线共用

（1）针对既生产添加剂预混合饲料，又生产配合饲料、浓缩饲料、精料补充料的生产企业，查看企业饲料生产许可证上标识的产品类别，确认企业获

得添加剂预混合饲料和配合饲料、浓缩饲料、精料补充料2个生产许可证。添加剂预混合饲料生产许可证示例见图4-1，配合饲料和浓缩饲料生产许可证示例见图4-2。

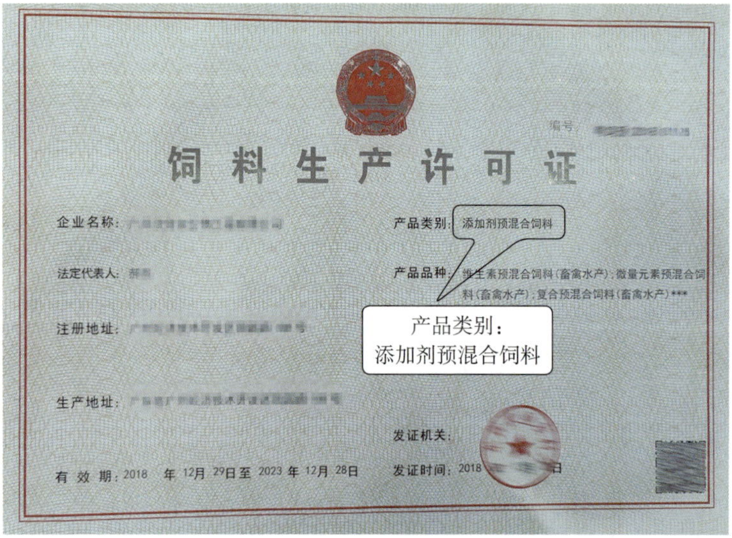

图4-1　添加剂预混合饲料生产许可证示例

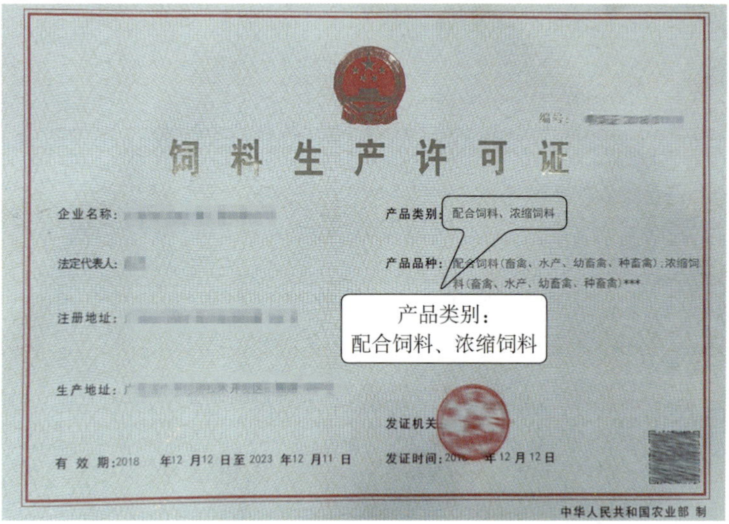

图4-2　配合饲料和浓缩饲料生产许可证示例

现场检查成品库，核查产品销售台账和产品标签，询问企业人员，进一步核实企业生产产品类别，确认企业既生产添加剂预混合饲料产品，又生产配合饲料、浓缩饲料、精料补充料产品。

（2）现场查看生产工艺流程和生产设备，确认添加剂预混合饲料生产线单独设立，添加剂预混合饲料和配合饲料、浓缩饲料、精料补充料的生产设备不存在共用情况。现场检查从投料到成品包装完整的生产线，如果从投料到产品包装整个生产线中存在至少一台设备交叉共用的情况，就属于生产设备共用，即为不符合《饲料生产企业许可条件》的规定要求。

2. 生产固态添加剂预混合饲料和液态添加剂预混合饲料的生产车间应分别设立

（1）针对同时生产固态添加剂预混合饲料和液态添加剂预混合饲料的生产企业，查看企业饲料生产许可证上的产品类别和品种，确认企业同时包括固态添加剂预混合饲料和液态添加剂预混合饲料。同时生产固态添加剂预混合饲料和液态添加剂预混合饲料生产许可证示例见图4-3。

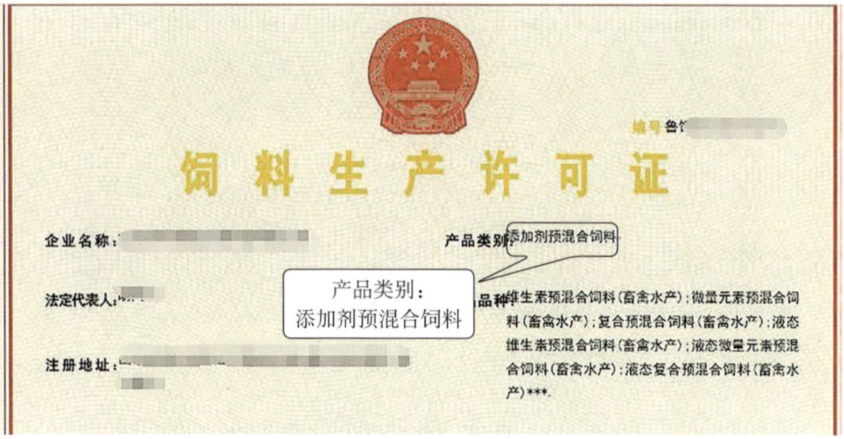

图4-3　添加剂预混合饲料（固态和液态）生产许可证示例

现场检查成品库，核查产品销售台账和产品标签，询问相关人员，进一步核实企业生产产品类别和品种，确认企业既生产固态添加剂预混合饲料，又生产液态添加剂预混合饲料产品。

（2）现场查看生产工艺流程和生产设备，确认固态添加剂预混合饲料和液态添加剂预混合饲料生产车间分别设立。

如果确认企业同时生产固态添加剂预混合饲料和液态添加剂预混合饲料产品，应分别检查固态添加剂预混合饲料和液态添加剂预混合饲料的生产现场、工艺流程和生产设备，确认固态添加剂预混合饲料和液态添加剂预混合饲料生产车间分别设立。固态添加剂预混合饲料和液态添加剂预混合饲料生产线应完全隔离，分别设在两个生产车间内，否则认为生产车间没有分别设立，不符合《饲料生产企业许可条件》的规定要求。

3.同时生产添加剂预混合饲料和混合型饲料添加剂的，生产车间应分别设立

（1）针对同时生产添加剂预混合饲料和混合型饲料添加剂的企业，查看企业生产许可证上标识的产品类别，确认企业同时获得了添加剂预混合饲料和混合型饲料添加剂生产许可证。添加剂预混合饲料生产许可证示例见图4-4，混合型饲料添加剂生产许可证示例见图4-5。

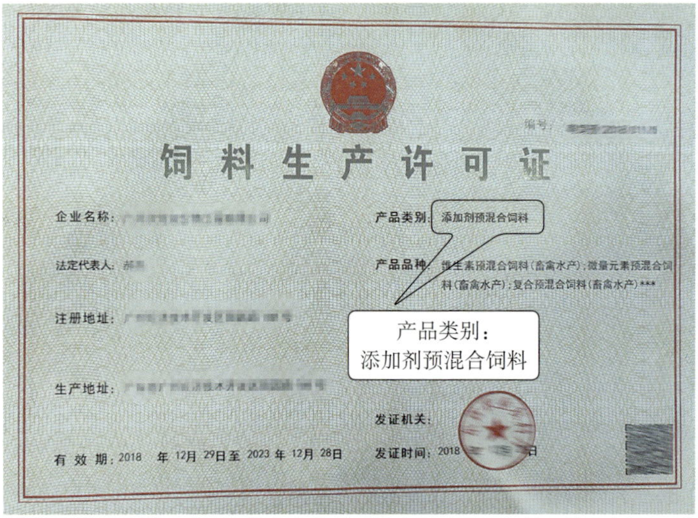

图4-4 添加剂预混合饲料生产许可证示例

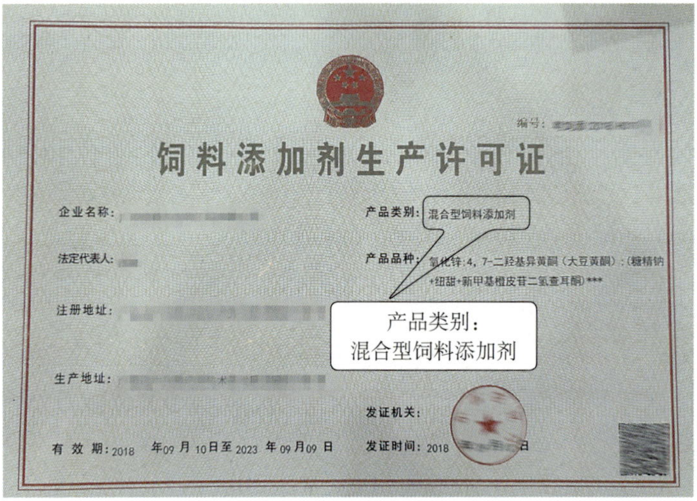

图4-5 混合型饲料添加剂生产许可证示例

现场核查成品库，核查产品销售台账和产品标签，询问相关人员，进一步核实企业生产产品类别，确认企业分别获得了添加剂预混合饲料和混合型饲料添加剂生产许可证，既生产添加剂预混合饲料产品，又生产混合型饲料添加剂产品。

（2）现场查看生产工艺流程和生产设备，确认添加剂预混合饲料和混合型饲料添加剂生产车间分别设立。

如果确认企业同时生产添加剂预混合饲料和混合型饲料添加剂，应分别检查添加剂预混合饲料和混合型饲料添加剂生产现场、工艺流程和生产设备，添加剂预混合饲料和混合型饲料添加剂生产线应完全隔离，并分别设在两个车间内，即认为添加剂预混合饲料和混合型饲料添加剂生产车间分别设立，否则认为生产车间没有分别设立，不符合《饲料生产企业许可条件》的规定要求。添加剂预混合饲料和混合型饲料添加剂生产车间分别设立示例见图4-6。

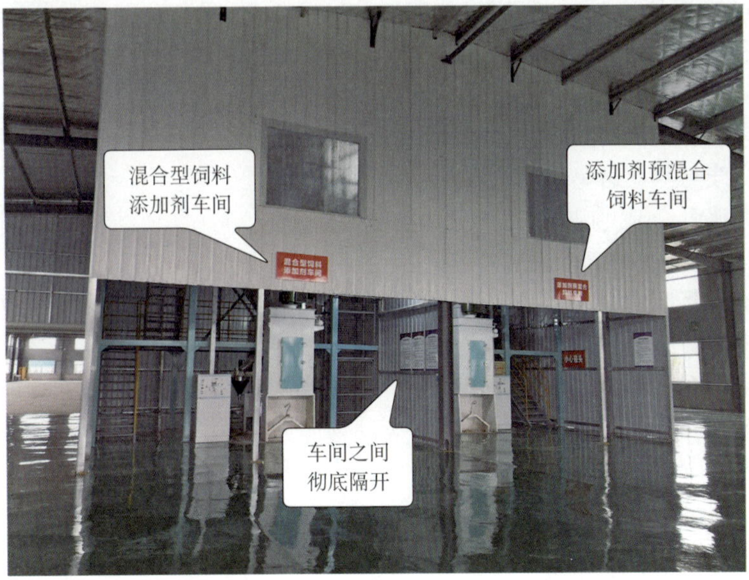

图4-6　添加剂预混合饲料和混合型饲料添加剂生产车间分别设立示例

4.反刍动物添加剂预混合饲料生产线与其他含有动物源性成分的添加剂预混合饲料生产线应分别设立

（1）查看企业饲料生产许可证上产品系列，确认企业产品系列中同时包括反刍动物和畜禽水产等添加剂预混合饲料产品。产品品种中含有畜禽水产和反刍动物添加剂预混合饲料生产许可证示例见图4-7。

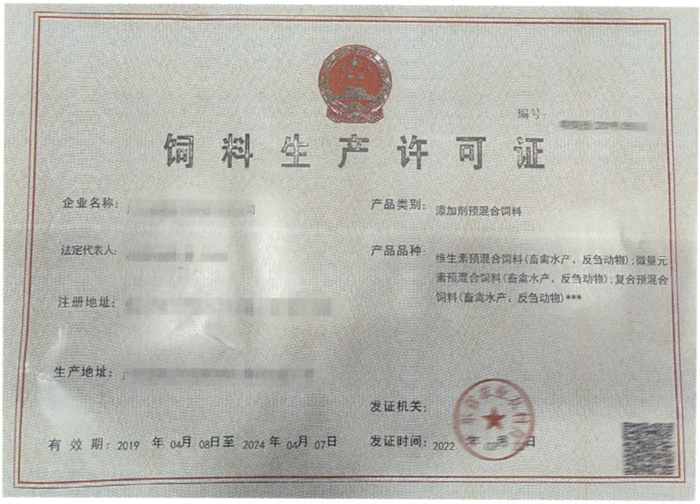

图4-7　畜禽水产和反刍动物添加剂预混合饲料生产许可证示例

现场检查原料库，核查原料进货台账、原料验收标准，以及原料库房垛位卡和标签等，询问相关人员，核实企业是否购置和使用了动物源性饲料原料。

如果确认企业未购置和使用动物源性饲料原料，反刍动物添加剂预混合饲料生产线与其他畜禽添加剂预混合饲料可以共线生产。

如果确认企业购置和使用了动物源性饲料原料，反刍动物添加剂预混合饲料和其他动物添加剂预混合饲料生产线应分别设立。

（2）现场查看生产工艺流程和生产设备，确认反刍动物添加剂预混合饲料生产线与其他含有动物源性成分的添加剂预混合饲料生产线分别设立。

在确认企业购置和使用了动物源性饲料原料的前提下，现场检查反刍动物添加剂预混合饲料生产线与其他含有动物源性成分的添加剂预混合饲料生产工艺流程和设备，从投料到产品包装两条生产线无设备交叉共用情况，则认为生产线分别设立，否则认为生产线没有分别设立，不符合《饲料生产企业许可条件》的规定要求。

图4-8为某一添加剂预混合饲料生产企业的工艺流程。该流程有2台混合机，1台用于生产畜禽水产添加剂预混合饲料，1台用于生产反刍动物添加剂预混合饲料。由图4-8可以看出，该流程采用计算机自动配料，3台配料秤下均配装有三通，通过三通，任何一个配料仓中的原料均可以进入2台混合机。

通过核查，如果企业没有使用动物源性饲料原料，则该流程满足《饲料生产企业许可条件》的要求；如果企业使用了动物源性饲料原料，无论动物源性饲料原料储存在任何一个配料仓，均可以分别进入2台混合机，说明该企业反刍动物添加剂预混合饲料生产线与含有动物源性成分的添加剂预混合饲料生产线存在共线生产的可能性，则可以判定反刍动物添加剂预混合饲料生产线与含有动物源性成分的添加剂预混合饲料生产线没有分别设立，不符合《饲料生产企业许可条件》的规定要求。

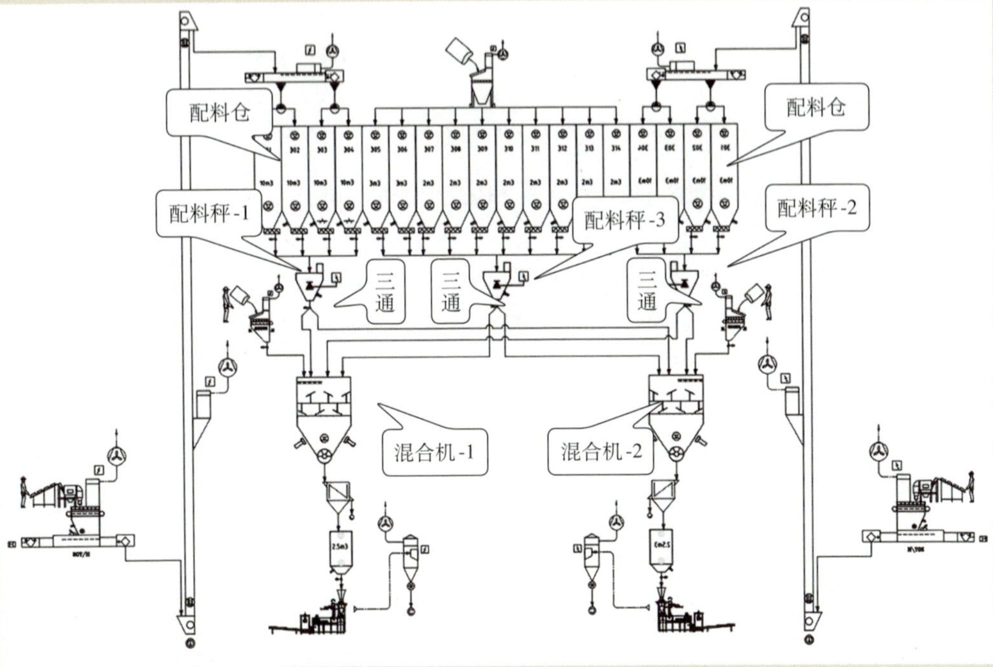

图4-8 某一添加剂预混合饲料生产企业的工艺流程

5. 反刍动物饲料的生产线应单独设立，生产设备不得与其他非反刍动物饲料生产线共用

（1）针对浓缩饲料、配合饲料生产企业，查看企业饲料生产许可证上产品类别和产品系列，确认产品类别中包含精料补充料，以及产品品种中同时包括反刍动物精料补充料、畜禽水产配合饲料和浓缩饲料等产品，示例见图4-9。

现场检查成品库，核查产品销售台账和产品标签，同时询问相关人员，进一步确认产品品种中包括精料补充料，即企业既生产畜禽水产配合饲料、浓缩饲料，又生产反刍动物精料补充料。

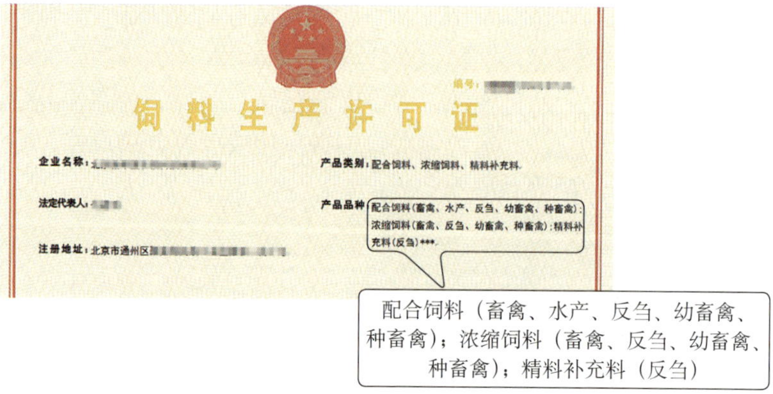

图4-9　畜禽水产配合饲料和反刍动物精料补充料许可证示例

（2）现场查看生产工艺流程和生产设备，确认反刍动物饲料生产线单独设立，生产设备没有与其他非反刍动物饲料的生产线共用。

通过核查，如果企业同时生产反刍动物精料补充料和其他非反刍动物饲料产品，现场分别检查反刍动物精料补充料和其他非反刍动物饲料加工工艺流程及生产设备，从投料到产品包装整个生产线没有设备交叉共用情况，确认反刍动物饲料生产线单独设立，生产设备没有与其他非反刍动物饲料的生产线共用。否则，就认为反刍动物饲料生产线没有单独设立，不符合《饲料生产企业许可条件》的规定要求。

（四）常见问题

常见问题主要是生产车间或生产线未按照《饲料生产企业许可条件》的要求进行设立。

示例1：图4-10为某企业添加剂预混合饲料和混合型饲料添加剂共线生产示例。按照《饲料生产企业许可条件》的要求，同时生产添加剂预混合饲料和混合型饲料添加剂的生产车间应分别设立。从现场加工机组工艺来看，该企业添加剂预混合饲料和混合型饲料添加剂生产线共用载体或稀释剂投料口和斗式提升机，通过三通分别进入添加剂预混合饲料混合机和混合型饲料添加剂混合机缓冲仓，属于共线生产，不符合《饲

图4-10　添加剂预混合饲料和混合型饲料添加剂共线生产示例

料生产企业许可条件》中分别设立生产车间的规定。

示例2：图4-11为某企业添加剂预混合饲料生产设备和配合饲料、浓缩饲料生产线设备共用示例。该企业取得了添加剂预混合饲料以及配合饲料、浓缩饲料生产许可证，既生产添加剂预混合饲料，又生产配合饲和浓缩饲料。由图4-11可以看出，一条原料上料线和一个配料仓，既参与了添加剂预混合饲料生产，又参与了配合饲料和浓缩饲料生产，且添加剂预混合饲料混合机通过三通，分别进入添加剂预混合饲料成品仓和配合饲料以及浓缩饲料配料仓参与配料，具有配合饲料和浓缩饲料稀释预混的作用，属于生产设备共用，不符合《饲料生产企业许可条件》的规定要求。

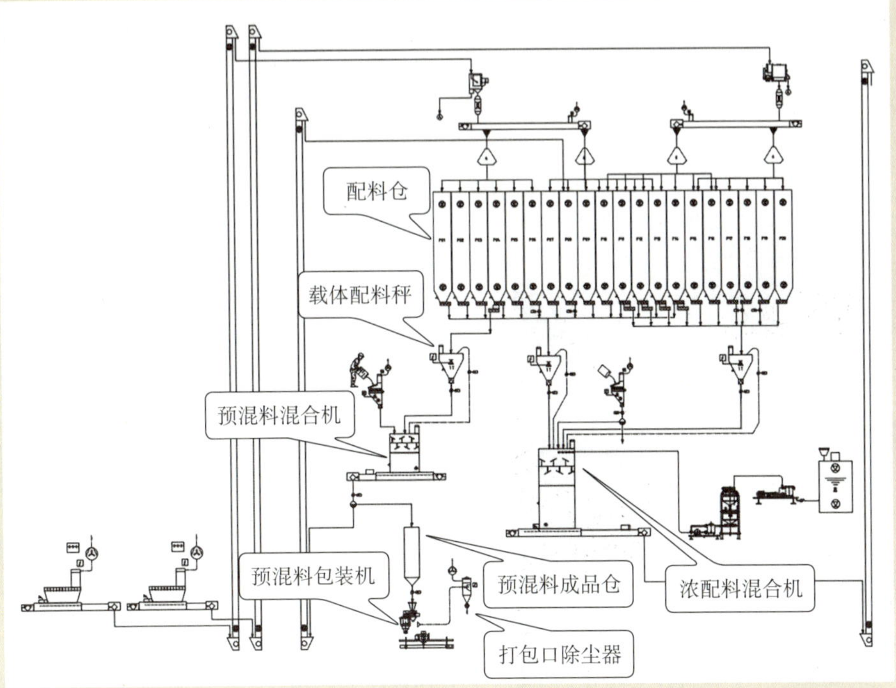

图4-11 添加剂预混合饲料生产设备和配合饲料、浓缩饲料生产线设备共用示例

二 粉尘控制

（一）检查内容和要求

生产线除尘系统使用脉冲式除尘器或性能更好的除尘设备。

固态添加剂预混合饲料生产线的投料口和打包口采用单点除尘方式。
浓缩饲料、配合饲料和精料补充料生产线的投料口采用单点除尘方式。
有添加剂预混合工艺的，单独配备的预混合机应配备除尘设备。
生产线除尘系统和设备运转正常有效，除尘效果良好。

（二）检查依据

《饲料生产企业许可条件》（农业部公告第1849号）第十七条、第十九条。

（三）检查方法与技巧

1.查看生产线除尘器

生产线除尘系统使用脉冲式除尘器或性能更好的除尘设备。目前，我国饲料生产线使用的除尘器主要是脉冲布袋式除尘器。脉冲布袋式除尘器主要由箱体、滤袋、气包、喷嘴管、电磁脉冲阀、灰斗、支撑脚等组成。脉冲布袋式除尘器外形和主要结构示意图见图4-12。

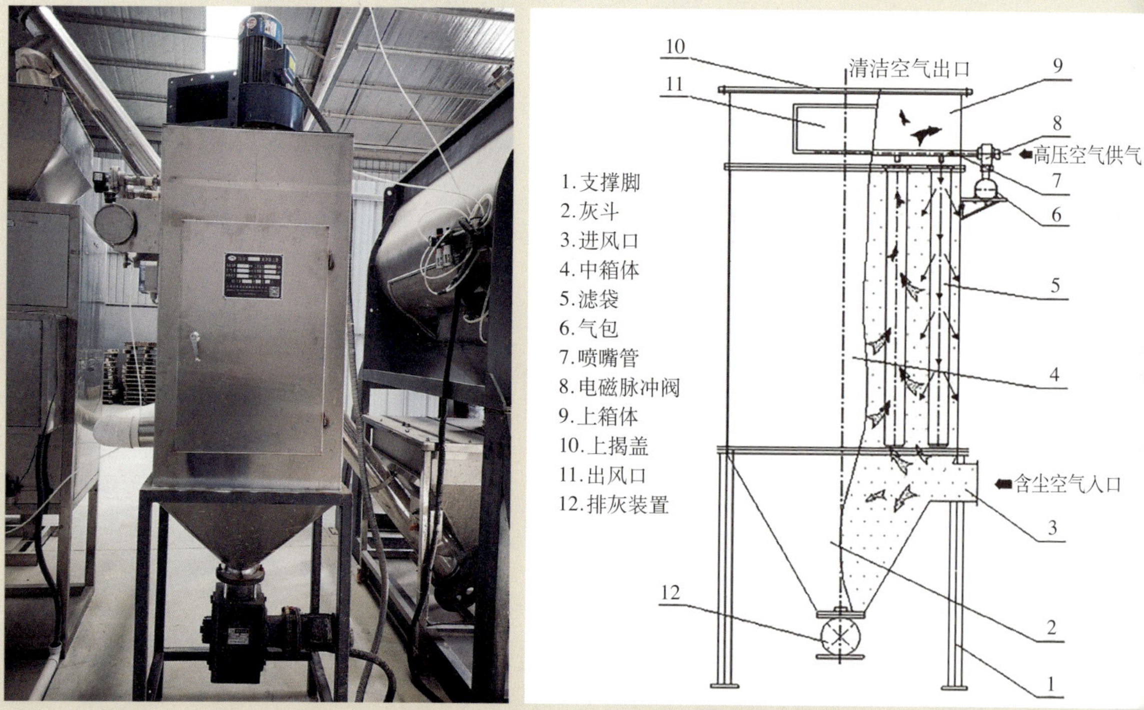

图4-12　脉冲布袋式除尘器外形和主要结构示意图

脉冲布袋式除尘器工作时，含尘气流从进气口进入下箱体后，部分沉降，轻微粉尘浮动时被滤袋阻留，净化空气透过滤袋，经文氏管进入上箱体，从出气口排出。积附在滤袋外壁的粉尘不断增加，当阻力在限定（一般为80～120mm水柱）的范围内，就要清除积附在滤袋外壁的粉尘，清灰是由控制仪定期顺序触发各控制阀，开启脉冲阀，使气包内的压缩空气通过喷嘴管孔使布袋在一瞬间急剧膨胀，并伴随着气流的反向作用，被抖落的粉尘落入灰门经排灰阀排出机体。

目前，饲料生产线常见的脉冲布袋式除尘器从外形上有矩形和圆形两种形式，两种形式的结构和工作原理相同。矩形和圆形脉冲除尘器示例见图4-13。

图4-13　常见的脉冲除尘器示例

2.查看大料投料口、小料投料口的除尘器配置

（1）对于浓缩饲料、配合饲料和精料补充料生产线，查看大料投料口、小料投料口的除尘器配置情况，所有投料口必须采用单点除尘方式。所谓单点除尘是一个吸尘点独立配置一台除尘器，即每个大料投料口和小料投料口各独立配置一台除尘器。大料投料口单点除尘示例见图4-14，小料投料口单点除尘示例见图4-15。

图4-14　大料投料口单点除尘示例

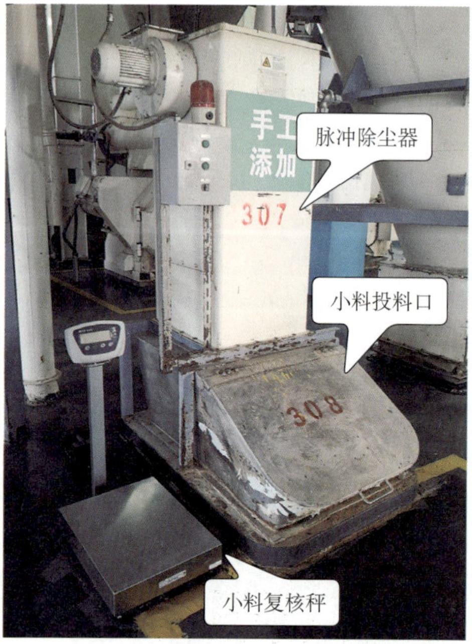

图4-15　小料投料口单点除尘示例

（2）对于固态添加剂预混合饲料生产线，查看载体或稀释剂投料口、小料投料口的除尘器配置情况，确认所有投料口均采用单点除尘方式，即载体或稀释剂投料口和小料投料口各独立配置一台除尘器。载体或稀释剂投料口单点除尘示例见图4-16，小料投料口单点除尘示例见图4-17。

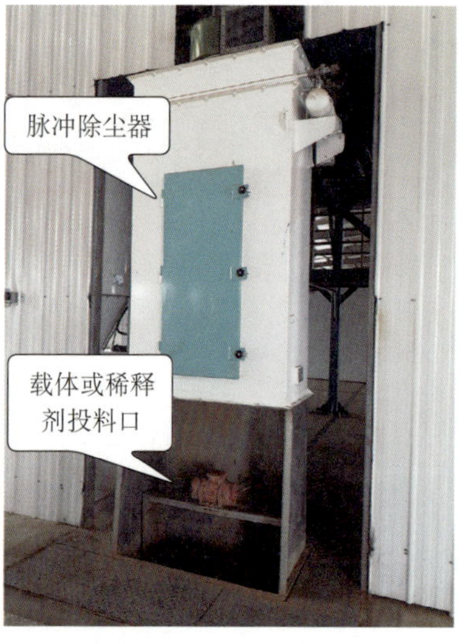

图4-16　载体或稀释剂投料口单点除尘示例

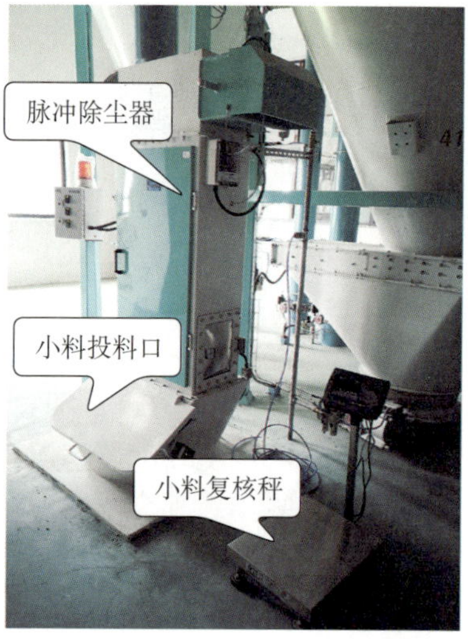

图4-17　小料投料口单点除尘示例

（3）浓缩饲料、配合饲料和精料补充料生产线除投料口以外，其他吸尘点均可以采用集中除尘方式。所谓集中除尘是指把多个产生点通过除尘管道集中到一个除尘系统进行处理。清理筛集中除尘示例见图4-18，浓缩饲料、配合饲料和精料补充料生产线打包口集中除尘示例见图4-19。

图4-18 清理筛集中除尘示例

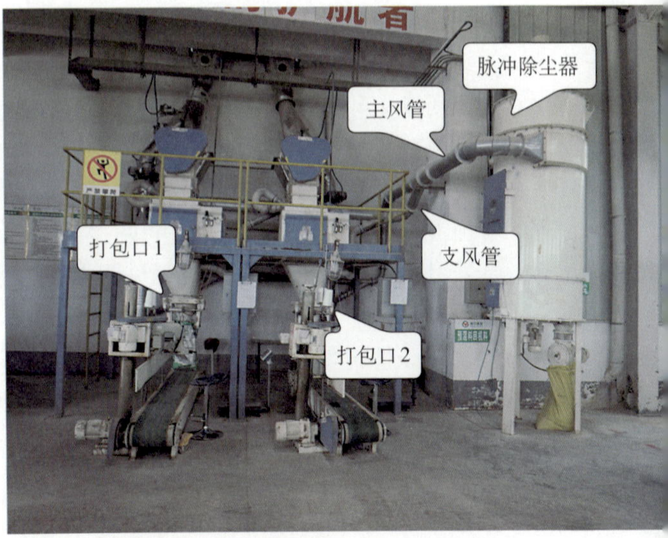

图4-19 浓缩饲料、配合饲料和精料补充料生产线打包口集中除尘示例

（4）对于集中除尘方式，集中除尘系统要求完整有效，风管设计与安装合理，每个吸尘点进风口处建议安装风量调节蝶阀。风管风量调节蝶阀示例见图4-20。

图4-20 风管风量调节蝶阀示例

3.查看固态添加剂预混合饲料生产线打包口除尘器配置

（1）对于固态添加剂预混合饲料生产线仅有一个打包口的生产工艺，打包口应采用单点除尘方式，即单独配置一台除尘器。采用人工配料的固态添加剂预混合饲料生产线仅有一个打包口采用单点除尘方式工艺流程见图4-21；采用计算机自动配料的固态添加剂预混合饲料生产线仅有一个打包口采用单点除尘方式工艺流程示例见图4-22。

（2）对于固态添加剂预混合饲料生产线设有多个打包口的生产工艺，应根据现场实际生产工艺流程进行分析和判断打包口除尘方式。

第一种情形：如果实际生产工艺中打包口同时包装混合机同一批次产品，即混合机卸料后，混合机本批次产品同时进入两个成品仓，则这种固态添加剂预混合饲料生产加工机组的两个打包口可以采用集中除尘方式。两个打包口采用集中除尘方式工艺流程见图4-23，两个打包口采用集中除尘方式示例见图4-24。

第二种情形：如果添加剂预混合饲料生产加工机组的多个打包口可以同时包装混合机不同批次产品，即混合机卸料后，混合机不同批次的产品通过三

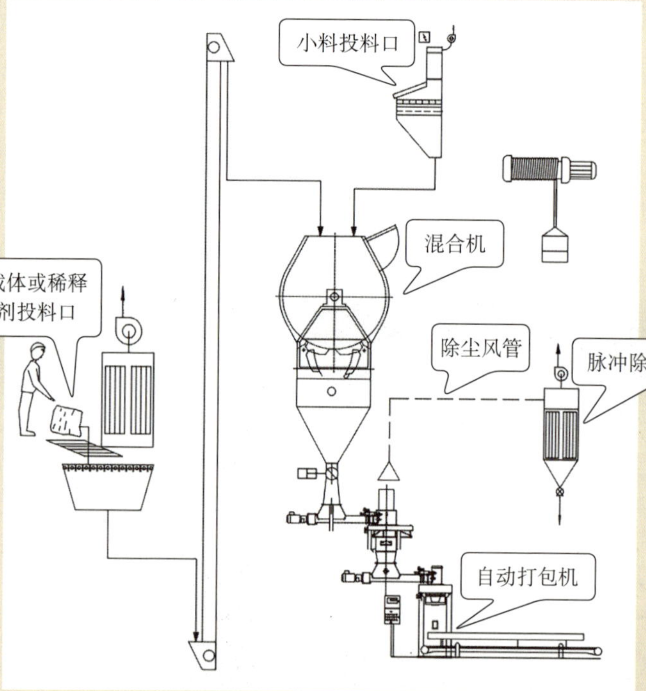

图4-21 打包口采用单点除尘方式工艺流程（人工配料）

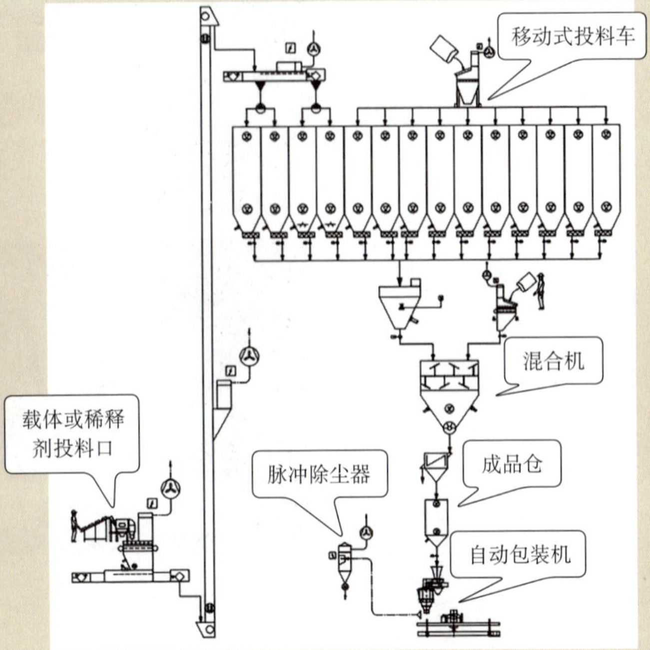

图4-22 打包口采用单点除尘方式工艺流程（计算机自动配料）

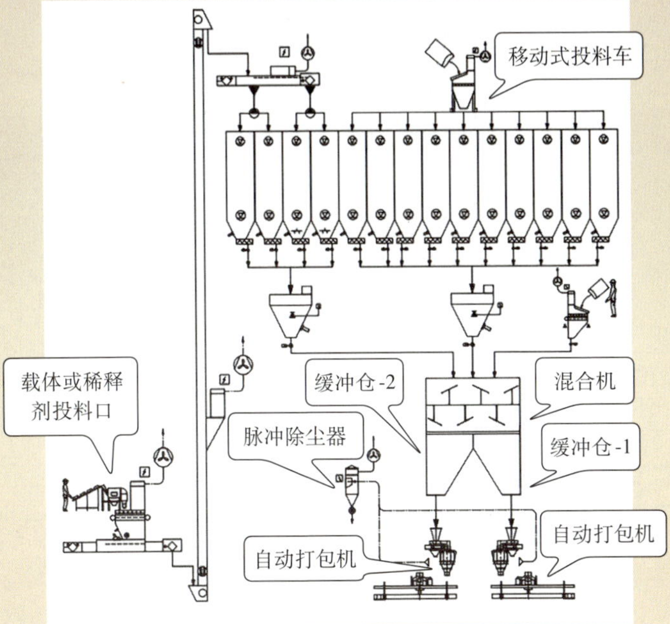

图4-23 两个打包口采用集中除尘方式工艺流程

通或输送等设备分别进入不同的成品仓，则这种固态添加剂预混合饲料生产加工机组的多个打包口必须采用单点除尘方式。多打包口采用单点除尘方式工艺流程见图4-25。

图4-24　两个打包口采用集中除尘方式示例

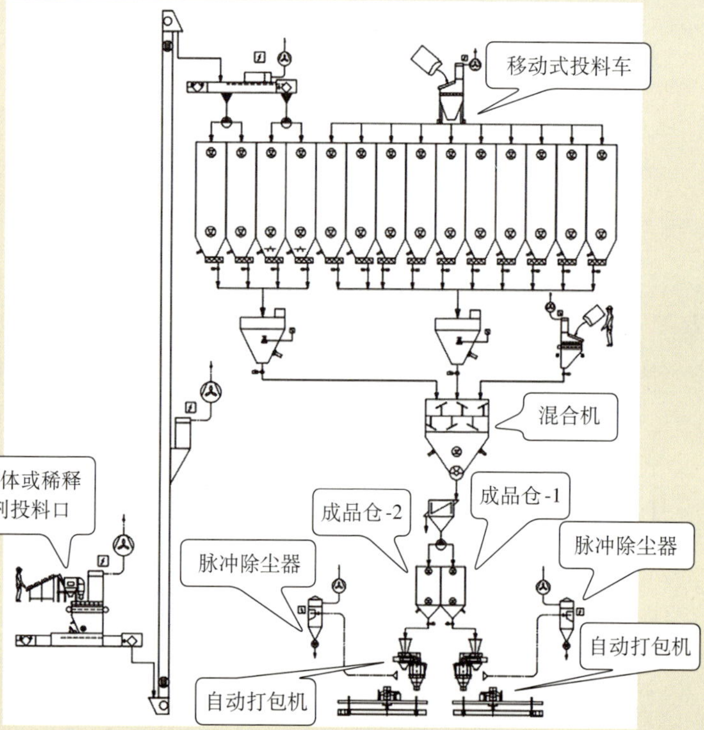

图4-25　多打包口采用单点除尘方式工艺流程

4.查看稀释预混合机

（1）对于配合饲料、浓缩饲料、精料补充料生产企业，查看企业的生产配方，核算生产配方中各种饲料添加剂添加量，如果生产配方中含有添加量低于0.2%的原料，企业则应配备一台稀释预混合机。

（2）稀释预混合机应配备除尘设备。对于采用腰鼓式、V形、方锥形等机体旋转式混合机进行稀释预混合时，投料口和卸料口可以共用一台脉冲式除尘器。机体旋转式稀释预混合机除尘方式示例见图4-26，V形稀释预混合机除尘方式示例见图4-27。

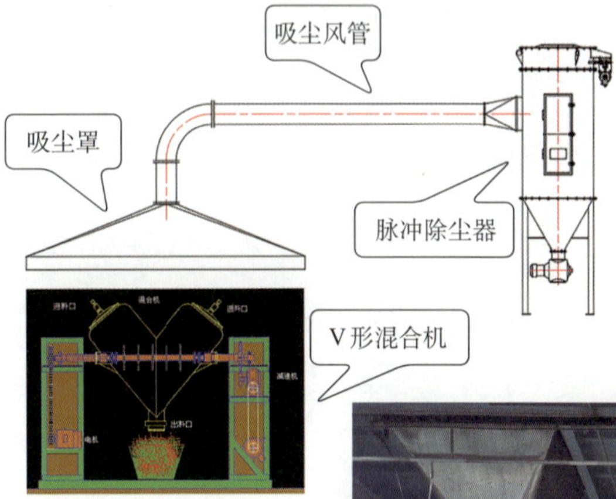

图4-26 机体旋转式稀释预混合机除尘方式示例

图4-27 V形稀释预混合机除尘方式示例

对于采用卧式双轴桨叶、单轴桨叶式稀释预混合机组进行稀释预混合时，在混合机配置一个缓冲仓的情况下，投料口和卸料口可采用单点除尘方式，也可以采用集中除尘方式。双轴桨叶或单轴桨叶式稀释预混合机组采用单点除尘方式工艺流程见图4-28，双轴桨叶或单轴桨叶式稀释预混合机组采用集中除尘方式工艺流程见图4-29，稀释预混合机组除尘方式示例见图4-30。

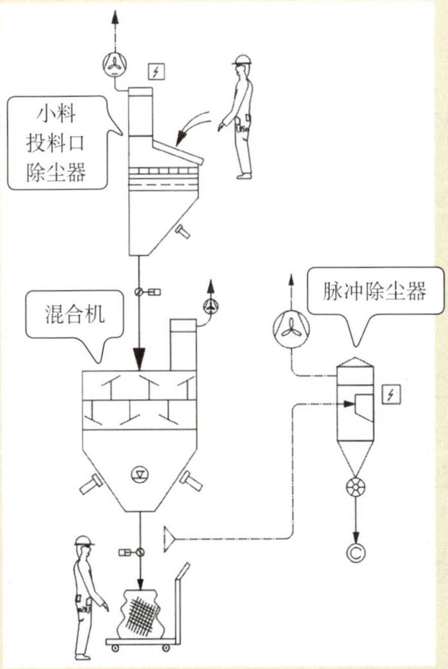

图4-28　稀释预混合机组采用单点除尘方式工艺流程

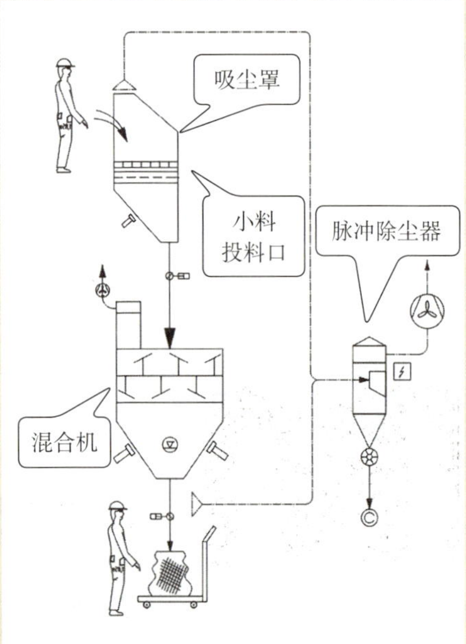

图4-29　稀释预混合机组采用集中除尘方式工艺流程

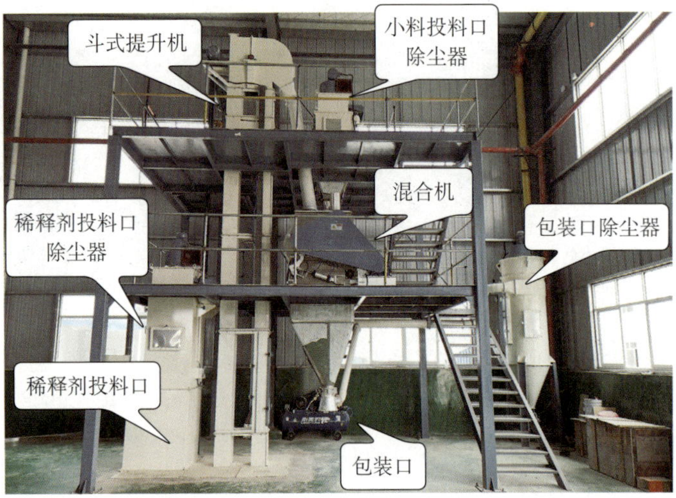

图4-30　稀释预混合机组除尘方式示例

5.查看移动式投料车（配除尘器）使用

对于采用群仓（配料仓）仓顶多点投放饲料添加剂等小料原料的工艺，配料仓顶投料口可采用一台或多台移动式投料车，投料车应配置除尘器。采用移动式投料车的企业，在更换投料品种时，应采取对投料车的投料斗和除尘器布袋进行清理、收集到的粉尘进行科学合理处理等有效防止交叉污染措施；对于允许在饲料中添加兽药的投放，应采用专用移动式投料车，不得与其他投放小料原料的移动式投料车混用。移动式投料车使用示例见图4-31。

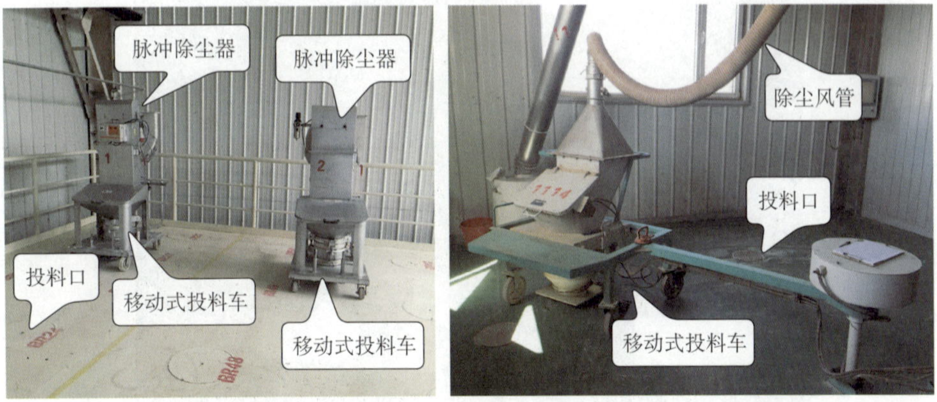

图4-31 移动式投料车使用示例

6.查看微量配料系统中微量仓

配有微量配料系统的生产线，微量仓应该配有除尘系统。微量仓投料口可以采用集中除尘方式，即各个微量仓除尘通过除尘管道集中到一个脉冲除尘器进行处理。微量仓采用集中除尘的方式示例见图4-32。

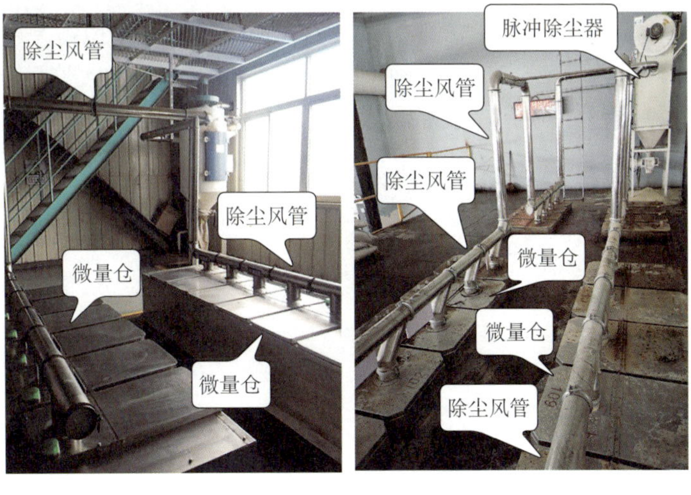

图4-32 微量仓采用集中除尘的方式示例

7.在确保切断电源的情况下，打开除尘器操作门查看粉尘清理，检查除尘器维护保养情况等

（1）现场查看除尘器气源处理“三联件”配备是否完整。气源处理“三联件”包括空气过滤器、减压阀和油雾器，见图4-33。“三联件”的安装顺序依进气方向分别为空气过滤器、减压阀和油雾器。

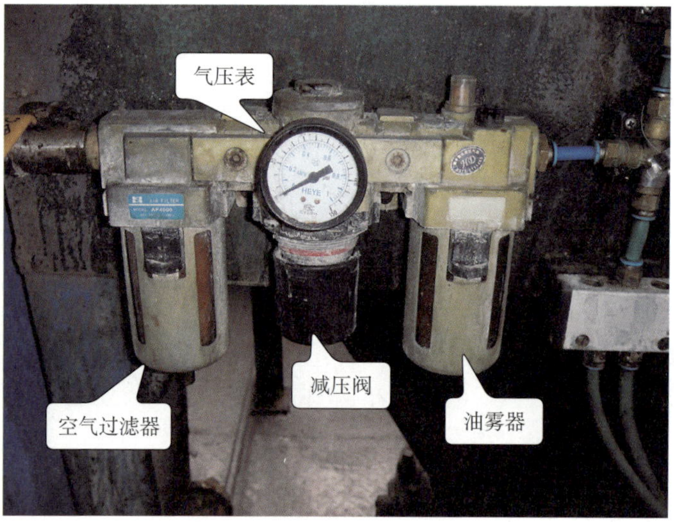

图4-33 气源处理“三联件”

（2）现场查看除尘系统。除尘系统各个部位和通风管路不得有漏风、粉尘堆积、堵塞等现象。在确保切断电源、保证安全的情况下，打开除尘器操作门，查看除尘器内的积灰状况、滤袋的状况、灰斗的积灰状况，不得有粉尘附着严重、滤袋破损等现象。

（3）查阅除尘器维护保养记录、维修记录。现场查看1年内的除尘器维护保养记录、维修记录，确认除尘器使用运转、粉尘清理、保养等情况等。维护保养记录主要包括设备运转、压缩空气压力、电磁脉冲阀、油水分离器排污、反吹运行、风机运转、管道密封、集尘清理等状况；维修记录主要包括故障描述、故障原因、维修方法、维修效果等。

（四）常见问题

1.投料口未采用单点除尘方式。按照《饲料生产企业许可条件》的要求，投料口应采用单点除尘方式，有些企业在大料投料口采用集中除尘方式，不符合《饲料生产企业许可条件》的要求。投料口采用集中除尘方式示例见图4-34。

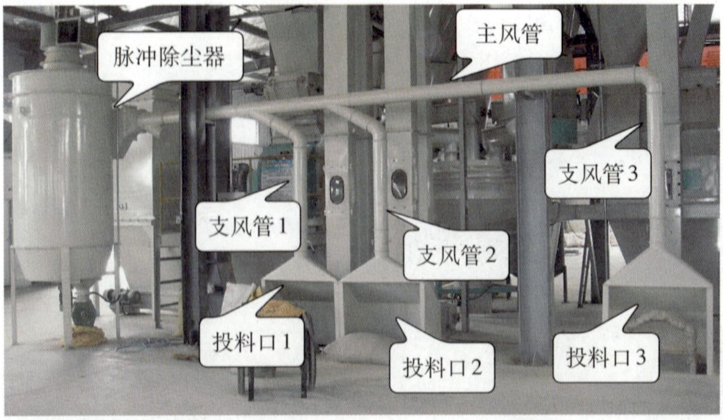

图4-34　投料口采用集中除尘方式示例

2.除尘器采用简易布袋式或旋风分离器除尘。《饲料生产企业许可条件》要求生产线除尘系统使用脉冲式除尘器或性能更好的除尘设备，有些企业采用简易布袋式除尘设备或旋风分离器除尘，不符合《饲料生产企业许可条件》的要求。投料口采用集中除尘和旋风分离器除尘示例见图4-35，采用简易布袋式除尘设备示例见图4-36。

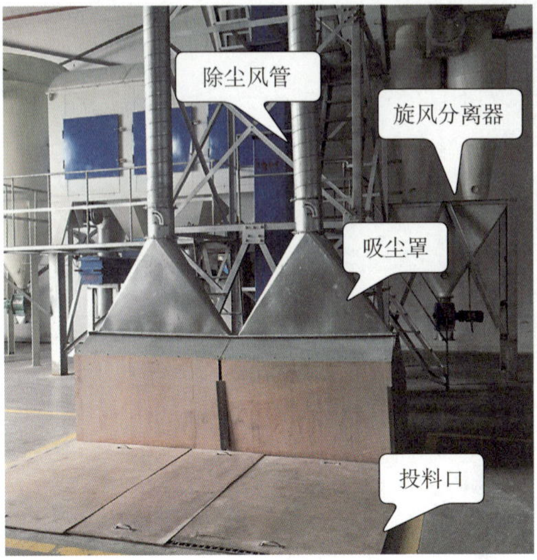

图4-35　投料口采用集中除尘和旋风分离器除尘示例

图4-36　采用简易布袋式除尘设备示例

3.稀释预混合机未配置除尘设备。按照要求稀释预混合机应配置除尘设备，部分企业的稀释预混合机未配置除尘设备。稀释预混合机（机体旋转式）未配置除尘设备示例见图4-37。稀释预混合机组的投料口和打包口未配置除尘设备示例见图4-38。

图4-37 稀释预混合机（机体旋转式）未配置除尘设备示例

图4-38 稀释预混合机组的投料口和打包口未配置除尘设备示例

4.除尘器未定期清理，除尘器内的积灰严重。脉冲除尘器布袋积尘严重示例见图4-39。

图4-39 脉冲除尘器布袋积尘严重示例

第五章
CHAPTER 5

生产过程控制

重点检查企业小料配料记录、小料投料与复核记录、中控作业记录和生产添加兽药饲料的清洗料使用记录。确保信息完整、客观真实、生产过程中污染防控措施有效。

一 生产记录

（一）检查内容和要求

小料配料记录信息完整、客观。

小料投料与复核记录信息完整、客观。

中控作业记录信息完整、客观。

生产加药饲料的，清洗料使用记录信息完整、客观。

（二）检查依据

《饲料和饲料添加剂管理条例》第十八条。

《饲料质量安全管理规范》（农业部令2014年第1号）第十六条。

（三）检查方法与技巧

1.小料配料记录

（1）随机查阅不少于2批次的小料配料记录。记录应包括小料名称、理论值、实际称重值、配料数量、作业时间、配料人等信息。记录表单要求信息完整、客观真实、字迹清晰。

（2）结合小料原料领取记录，现场随机称量不少于2种小料的结余重量，核查同一小料领用数量、配料用量与现场结余数量之和与小料领用数量一致性，即配料用量与现场结余数量之和应该等于领用数量；如果存在误差，问询企业人员误差产生原因。

2.小料投料与复核记录

(1) 随机查阅不少于2批小料投料与复核记录。记录应包括产品名称、接收批数、投料批数、重量复核、剩余批数、作业时间、投料人等信息，记录表单信息完整、客观真实、字迹清晰。

(2) 根据小料投料与复核作业规程的要求，核查小料重量复核批次和批数与小料投料与复核作业规程要求是否一致。重量复核误差是否符合操作规程的要求。结合小料配料记录，核查配料批数、投料批数和现场剩余小料批数的一致性，即小料投料批数和现场剩余小料批数之和应该等于小料配料批数。

3.中控作业记录

(1) 随机查阅不少于2批次中控作业记录。记录应包括产品名称、配方编号、清洗料、理论产量、成品仓号、洗仓情况、作业时间、操作人等信息。记录表单要求信息完整、客观真实、字迹清晰。

(2) 结合清洗料使用记录，核查清洗料名称与回置的产品品种一致性，即清洗料必须回置于同类产品中。

4.清洗料使用记录

(1) 对于在生产中使用了允许在饲料中添加兽药的生产企业，随机查阅不少于2批清洗料使用记录。记录应包括清洗料名称、生产班次、清洗料使用情况描述、使用时间、操作人等信息，重点核查清洗料回置使用情况。记录表单要求信息完整、客观真实、字迹清晰。

(2) 结合生产线清洗记录，重点核查清洗料重量、清洗料使用量与现场清洗料剩余量之间的一致性，即清洗料使用量与现场清洗料剩余量应该等于清洗料数量。

(四) 常见问题

1.少数企业存在编造记录内容，特别是生产线清洗记录及清洗料使用记录等。

2.记录表单中内容信息没有完全涵盖《饲料质量安全管理规范》所要求的信息，从而导致记录信息不完整。

3.记录表单的名称和内容信息名称与《饲料质量安全管理规范》中的名称不一致，表单填写随意性大，涂改严重。

4.记录中的相关信息不能体现规程要求。

5.记录表单记录信息缺乏可追溯性。

二 污染防控

（一）检查内容和要求

1.盛放器具及包装物

（1）盛放器具及包装物有明确标识，不得存在交叉混用情况。

（2）不得使用易碎、易断裂、易生锈的称量和盛放器具。

2.生产设备

生产设备不得有残存料、粉尘积垢等残留物。

3.生产现场

生产现场的原料、中间产品、返工料、清洗料、不合格品等应分类存放，标识清晰。

（二）检查依据

《饲料质量安全管理规范》（农业部令2014年第1号）第十七条、第十八条。

（三）检查方法与技巧

1.盛放器具及包装物

（1）现场查看盛放饲料添加剂、添加剂预混合饲料、兽药等原料及其中间产品的盛放器具或者包装物，每个盛放器具及包装物上面有清晰的名称标识，做到“专桶专用、专袋专用、一料一勺”。专用盛放桶标识示例见图5-1，专用袋标识示例见图5-2，专用配料勺及标识示例见图5-3。

图5-1 专用盛放桶标识示例

图5-2 专用袋标识示例

图5-3　专用配料勺及标识示例

采用包装袋盛放的，应合理限定使用次数，盛放器具或包装物应做到“批用批清”。专用包装袋限定使用次数示例见图5-4。

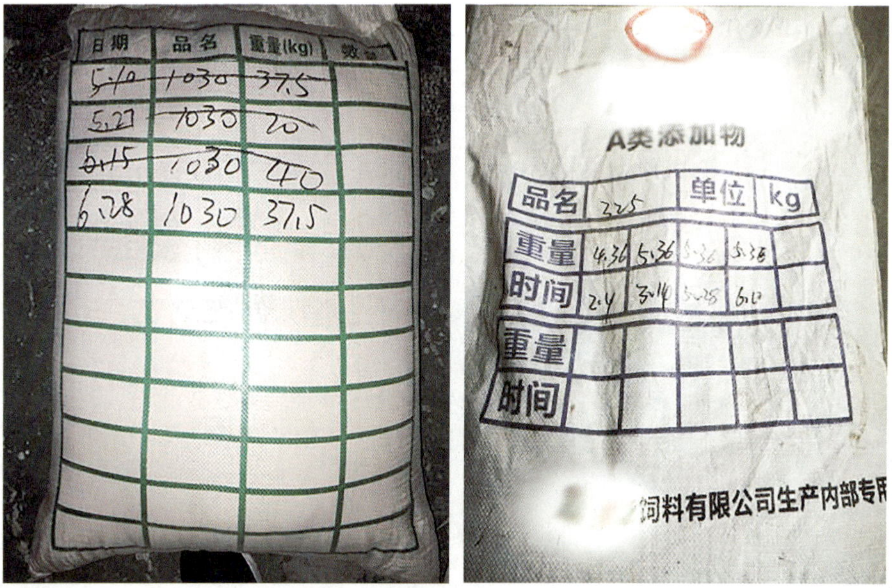

图5-4　专用包装袋限定使用次数示例

（2）现场查看称量和盛放器具。所有称量和盛放器具完好无损，整洁干净，无残留。不得使用易碎、易断裂、易生锈的器具作为称量或者盛放用具。

称量电子台秤和盛放器具示例见图5-5。

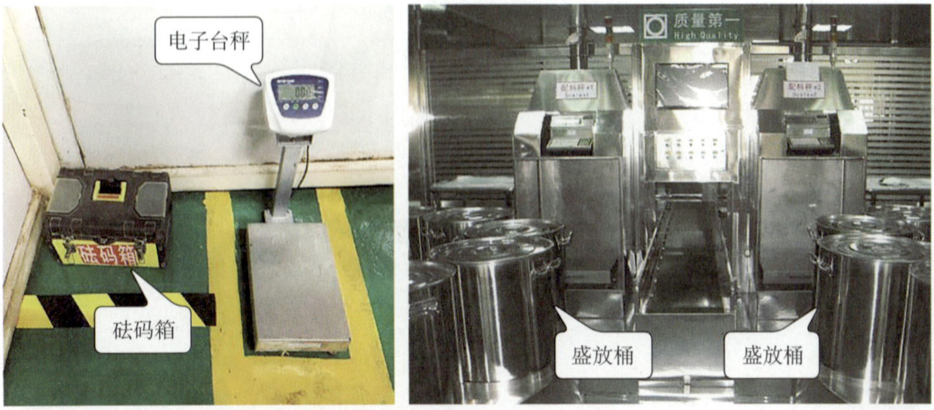

图5-5　称量电子台秤和盛放器具示例

2. 生产设备

（1）查看主要生产设备，机内不得有残存料、粉尘积垢等残留物。在确保切断电源保证安全的情况下，打开相关设备的操作门或检修门，查看生产设备内部清理状况，确保机内清洁干净，不得有残存料、粉尘积垢、杂质积存等残留物。生产设备清理示例见图5-6。

图5-6　生产设备清理示例

（2）查阅相关设备定期清理记录，确认相关设备定期清理实施情况。设备定期清理记录的基本内容包括设备名称、清理部位、清理时间、清理效果及清理人员等信息。

3. 生产现场

查看生产现场的原料、中间产品、返工料、清洗料、不合格品等，现场物料分类存放，并有清晰的标识。

（1）现场查看生产现场的原料、中间产品、返工料、清洗料、不合格品等物料堆放情况。生产现场的原料、中间产品、返工料、清洗料、不合格品等物料应堆放现场划线分区，物料堆放现场划线分区示例见图5-7。按照品种分类码垛存放、堆放整齐，并且有标识卡，标识卡悬挂在醒目位置，每个垛位悬挂仅有一个标识卡。现场物料存放与标识示例见图5-8。

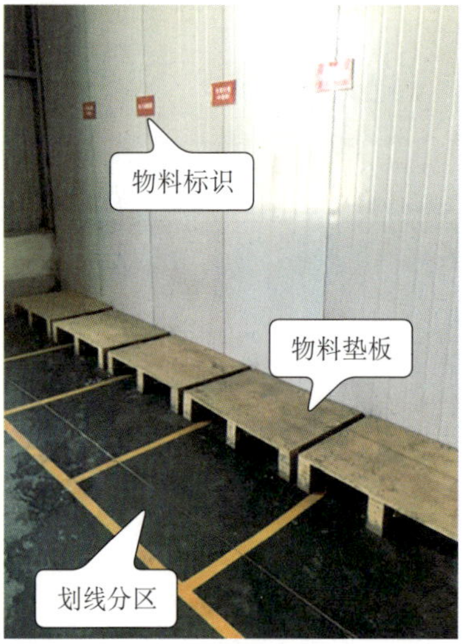

图5-7　物料堆放现场划线分区示例

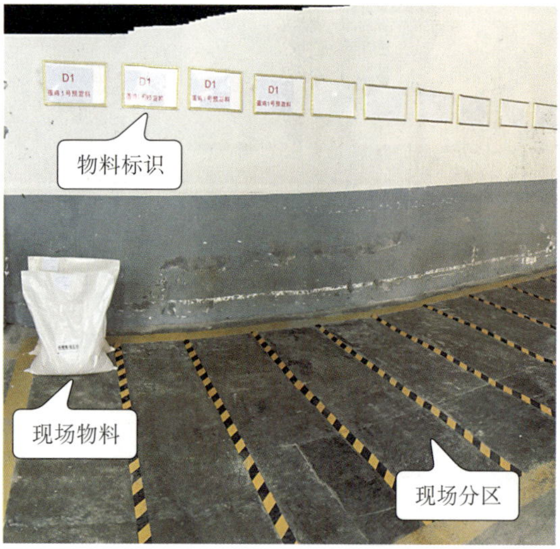

图5-8　现场物料存放与标识示例

（2）查看标识卡信息内容。垛位标识卡应该包含物料名称、数量、时间等基本信息，要求信息完整、正确、字迹清晰。现场物料标识卡示例见图5-9，清洗料现场存放与标识示例见图5-10。

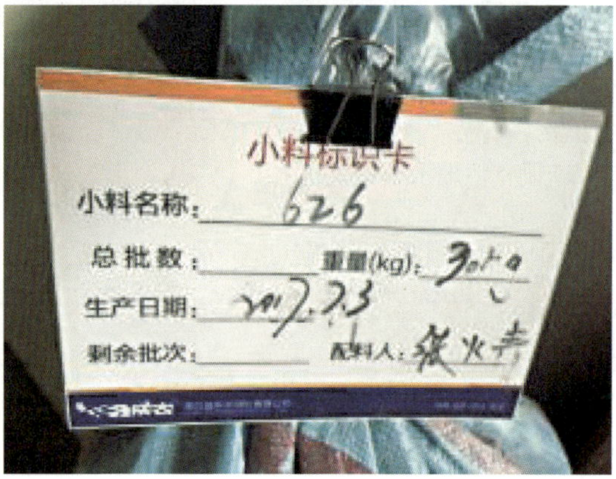

图5-9　现场物料标识卡示例

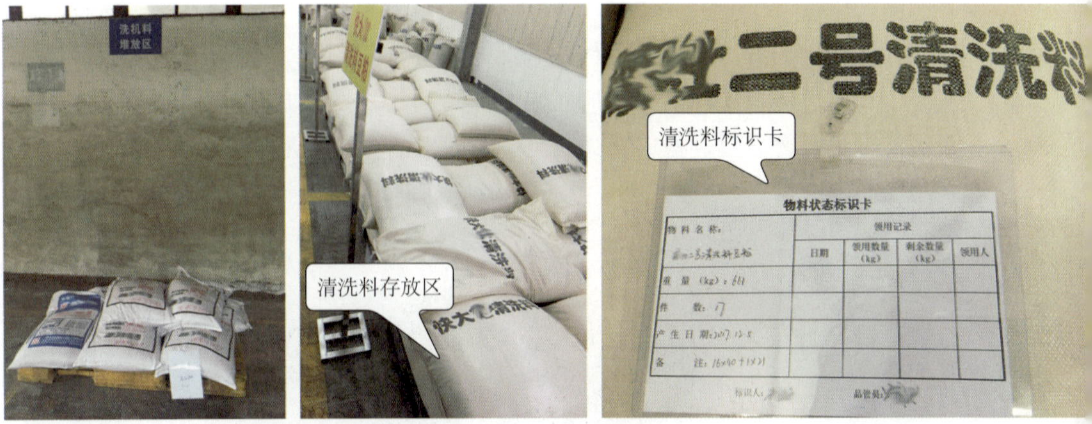

图5-10 清洗料现场存放与标识示例

(3) 现场物料码放排列整齐有序，易于搬运。现场物料码放排列整齐有序示例见图5-11。

图5-11 现场物料码放排列整齐有序示例

(4) 生产现场整洁干净、地面平整，无污垢和杂物积存。干净整洁生产现场示例见图5-12。

图5-12 干净整洁生产现场示例

（四）常见问题

1. 盛放饲料添加剂、添加剂预混合饲料、兽药等原料及其中间品的盛放器具或者包装物混用，盛放器具及包装物标识不清晰或无标识，未做到“专桶专用、专袋专用、一品一勺”。中间品盛放桶混用（非专用）示例见图5-13，配料勺混用（非专用）示例见图5-14。

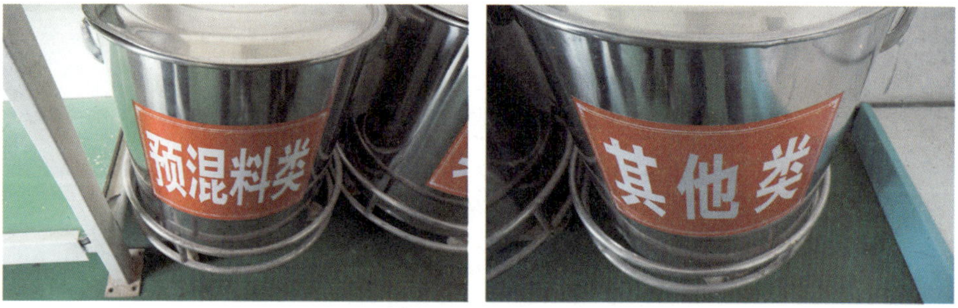

图5-13　中间品盛放桶混用（非专用）示例

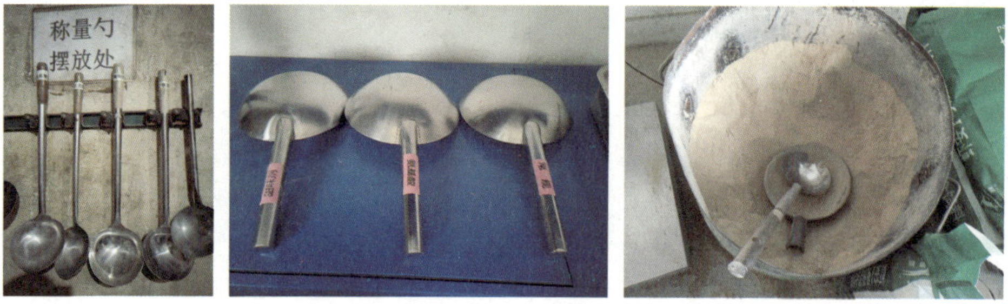

图5-14　配料勺混用（非专用）示例

2. 盛放器具破损、残留严重。如配料勺不干净整洁，残留严重，盛放桶变形、锈蚀、残留严重等。配料勺残留示例见图5-15，盛放桶变形、锈蚀、残留严重示例见图5-16。

图5-15　配料勺残留示例

图5-16　盛放桶变形、锈蚀、残留严重示例

3.生产设备没有进行定期清理，设备内部有残存料、粉尘积垢等残留物。设备内部残留示例见图5-17。

图5-17　设备内部残留示例

4.生产现场物料存放杂乱无章，生产现场物料无清晰标识。现场物料存放杂乱无章、无清晰标识示例见图5-18。

图5-18　现场物料存放杂乱无章、无清晰标识示例

第六章
CHAPTER 6

产品质量控制

企业的产品质量标准、出厂检验、定期检验、留样观察、产品标签和销售台账应按照国家相关法律法规及强制性标准的要求执行。

一 企业标准与标签

（一）检查内容与要求

每个产品均应有对应的产品质量标准，且现行有效。

产品质量标准应符合相关法律法规和《饲料卫生标准》（GB 13078—2017）等强制性标准的要求。

每个产品均有对应的产品标签。标签内容应符合《饲料标签》（GB 10648—2013，含1号修改单）及相关法律法规的规定。

（二）检查依据

《饲料和饲料添加剂管理条例》第十八条、第二十条、第二十一条、第三十条。

《饲料质量安全管理规范》（农业部令2014年第1号）第十九条、第二十条。

《饲料卫生标准》（GB 13078—2017）。

《饲料标签》（GB 10648—2013，含1号修改单）。

《饲料原料目录》以及农业农村部相关公告。

《饲料添加剂品种目录》以及农业农村部相关公告。

《饲料添加剂安全使用规范》（农业部公告第2625号）。

农业农村部公告第246号、327号、332号、350号等相关公告。

饲料添加剂强制性国家标准。

《饲料和饲料添加剂生产许可管理办法》（农业部令2012年第3号）。

（三）检查方法和技巧

1. 查看产品质量标准

企业生产的每一个产品都应有对应的产品质量标准。企业可以制定企业标准，也可直接采用国家标准、行业标准、地方标准和团体标准，如采用推荐性国家标准《仔猪、生长育肥猪配合饲料》（GB/T 5915—2020）生产仔猪、生长育肥猪配合饲料等。

（1）企业产品质量标准应公开。企业应通过企业标准信息公共服务平台或其他渠道向社会公开其执行的产品质量标准。如直接引用国家标准、行业标准、地方标准和团体标准，则应公开其引用的标准编号和名称。如企业自行制定产品质量标准，则至少公开产品名称和性能指标。企业应对公开的产品质量标准的真实性、准确性、合法性负责。

（2）产品质量标准应现行有效。随机抽查3 ~ 5种不同类别的产品，查看其所对应的产品质量标准，应现行有效。

（3）产品质量标准中所引用的标准应规范。产品质量标准中各项技术指标的检测方法应遵循两个原则：一是直接引用国家标准、行业标准、地方标准或团体标准；二是给出具体的检测方法。另外，引用的采样、结果判定等其他标准也应使用行业内公认的标准。常用标准见表6-1。

表6-1 常用标准

序号	标准编号	标准名称
1	GB 10648—2013	饲料标签
2	GB 13078—2017	饲料卫生标准
3	GB/T 14699.1—2023	饲料采样
4	GB/T 18823—2010	饲料检测结果判定的允许误差
5	GB/T 20195—2006	动物饲料试样的制备
6	GB/T 5917.1—2008	饲料粉碎粒度测定 两层筛筛分法
7	GB/T 5918—2008	饲料产品混合均匀度的测定
8	GB/T 6432—2018	饲料中粗蛋白的测定 凯氏定氮法
9	GB/T 6433—2006	饲料中粗脂肪的测定
10	GB/T 6434—2022	饲料中粗纤维的含量测定
11	GB/T 6435—2014	饲料中水分的测定
12	GB/T 6436—2018	饲料中钙的测定

（续）

序号	标准编号	标准名称
13	GB/T 6437—2018	饲料中总磷的测定　分光光度法
14	GB/T 6438—2007	饲料中粗灰分的测定
15	GB/T 6439—2023	饲料中水溶性氯化物的测定
16	GB/T 10649—2008	微量元素预混合饲料混合均匀度的测定
17	GB/T 13079—2022	饲料中总砷的测定
18	GB/T 13080—2018	饲料中铅的测定　原子吸收光谱法
19	GB/T 13081—2022	饲料中汞的测定
20	GB/T 13082—2021	饲料中镉的测定方法
21	GB/T 13083—2018	饲料中氟的测定　离子选择性电极法
22	GB/T 13084—2006	饲料中氰化物的测定
23	GB/T 13085—2018	饲料中亚硝酸盐的测定　比色法
24	GB/T 13086—2020	饲料中游离棉酚的测定方法
25	GB/T 13087—2020	饲料中异硫氰酸酯的测定方法
26	GB/T 13088—2006	饲料中铬的测定
27	GB/T 13089—2020	饲料中噁唑烷硫酮的测定方法
28	GB/T 13090—2006	饲料中六六六、滴滴涕的测定
29	NY/T 2071—2011	饲料中黄曲霉毒素、玉米赤霉烯酮和T-2毒素的测定　液相色谱-串联质谱法
30	GB/T 30956—2014	饲料中脱氧雪腐镰刀菌烯醇的测定　免疫亲和柱净化-高效液相色谱法
31	GB/T 30957—2014	饲料中赭曲霉毒素A的测定　免疫亲和柱净化-高效液相色谱法
32	NY/T 1970—2010	饲料中伏马毒素的测定
33	GB 5009.190—2014	食品安全国家标准　食品中指示性多氯联苯含量的测定
34	GB/T 13091—2018	饲料中沙门氏菌的测定
35	GB/T 13092—2006	饲料中霉菌总数的测定
36	GB/T 13093—2023	饲料中细菌总数的测定
37	GB/T 13882—2023	饲料中碘的测定
38	GB/T 13883—2023	饲料中硒的测定

（续）

序号	标准编号	标准名称
39	GB/T 13884—2018	饲料中钴的测定 原子吸收光谱法
40	GB/T 13885—2017	饲料中钙、铜、铁、镁、锰、钾、钠和锌含量的测定 原子吸收光谱法
41	GB/T 14700—2018	饲料中维生素B_1的测定
42	GB/T 14701—2019	饲料中维生素B_2的测定
43	GB/T 14702—2018	添加剂预混合饲料中维生素B_6的测定 高效液相色谱法
44	GB/T 15399—2018	饲料中含硫氨基酸的测定 离子交换色谱法
45	GB/T 15400—2018	饲料中色氨酸的测定
46	GB/T 17481—2018	预混料中氯化胆碱的测定
47	GB/T 17778—2005	预混合饲料中d-生物素的测定
48	GB/T 17812—2008	饲料中维生素E的测定 高效液相色谱法
49	GB/T 17813—2018	添加剂预混合饲料中烟酸与叶酸的测定 高效液相色谱法
50	GB/T 17814—2022	饲料中丁基羟基茴香醚、二丁基羟基甲苯、乙氧喹和没食子酸丙酯的测定
51	GB/T 17815—2018	饲料中丙酸、丙酸盐的测定
52	GB/T 17816—1999	饲料中总抗坏血酸的测定 邻苯二胺荧光法
53	GB/T 17817—2010	饲料中维生素A的测定 高效液相色谱法
54	GB/T 17818—2010	饲料中维生素D_3的测定 高效液相色谱法
55	GB/T 17819—2017	添加剂预混合饲料中维生素B_{12}的测定 高效液相色谱法
56	GB/T 18246—2019	饲料中氨基酸的测定
57	GB/T 18397—2014	复合预混合饲料中泛酸的测定 高效液相色谱法
58	GB/T 18633—2018	饲料中钾的测定 火焰光度法
59	GB/T 18634—2009	饲用植酸酶活性的测定 分光光度法
60	GB/T 18868—2002	饲料中水分、粗蛋白质、粗纤维、粗脂肪、赖氨酸、蛋氨酸快速测定 近红外光谱法
61	GB/T 18869—2019	饲料中大肠菌群的测定
62	GB/T 18872—2017	饲料中维生素K_3的测定 高效液相色谱法
63	GB/T 19371.2—2007	饲料中蛋氨酸羟基类似物的测定 高效液相色谱法
64	GB/T 34271—2017	饲料中油脂的皂化值的测定

（续）

序号	标准编号	标准名称
65	NY/T 2895—2016	饲料中叶酸的测定　高效液相色谱法
66	NY/T 2896—2022	饲料中斑蝥黄的测定　高效液相色谱法
67	NY/T 2897—2016	饲料中β-阿朴-8'-胡萝卜素醛的测定　高效液相色谱法
68	NY/T 3136—2017	饲用调味剂中香兰素、乙基香兰素、肉桂醛、桃醛、乙酸异戊酯、γ-壬内酯、肉桂酸甲酯、大茴香脑的测定　气相色谱法
69	NY/T 3137—2017	饲料中香芹酚和百里香酚的测定　气相色谱法

（4）产品质量标准应符合相关法规。产品质量标准中每个产品的产品成分应不少于《饲料标签》（GB 10648—2013）的要求，卫生指标的项目及其限量应符合《饲料卫生标准》（GB 13078—2017）的规定。

添加剂预混合饲料的产品质量标准中，铜、铁、锌、锰、碘、硒、钴、铬、钠、镁、维生素A、维生素D_3、维生素D_2、二甲基嘧啶醇亚硫酸甲萘醌、25-羟基胆钙化醇（25-羟基维生素D_3）、DL-蛋氨酸、蛋氨酸羟基类似物、L-肉碱、L-肉碱盐酸盐等的高限，应符合《饲料添加剂安全使用规范》（农业部公告第2625号）的要求。有适用范围要求的饲料添加剂应符合《饲料添加剂品种目录》及后续发布相关公告的要求。

示例：4%猪复合预混合饲料中25-羟基胆钙化醇（25-羟基维生素D_3）的含量。《饲料添加剂品种目录》中规定25-羟基胆钙化醇（25-羟基维生素D_3）的适用范围为猪、家禽；《饲料添加剂安全使用规范》中规定25-羟基胆钙化醇（25-羟基维生素D_3）在猪配合饲料中的最高限量为50μg/kg。那么，该产品中25-羟基胆钙化醇（25-羟基维生素D_3）的含量，最高不得超过1 250μg/kg（50μg/kg÷4% =1 250μg/kg）。

此外，《饲料添加剂安全使用规范》（农业部公告第2625号）对25-羟基胆钙化醇（25-羟基维生素D_3）的使用还有以下规定要求：一是不能与维生素D_2同时使用；二是可与维生素D_3同时使用，但其在配合饲料中总量不得超过：仔猪代乳料250μg/kg，其他猪125μg/kg，家禽125μg/kg；当同时使用时，按40IU维生素D_3=1μg维生素D_3的使用量。

（5）产品质量标准中兽药使用应规范。配合饲料、浓缩饲料、精料补充料、添加剂预混合饲料等产品标准中所用兽药的种类、适用动物、有效成分含量等应符合农业农村部公告第246号及后续发布公告的要求。需要说明的是，添加兽药的产品，必须在产品标签中说明，同时也可在产品质量标准中进行说明。

5%肉鸡复合预混合饲料中添加盐酸氯苯胍的核算示例如下：按照农业农

村部公告第246号规定：10%盐酸氯苯胍预混剂，以本品计混饲：每1 000kg饲料，鸡300～600g。即每1 000kg肉鸡配合饲料中需要添加10%盐酸氯苯胍预混剂300～600g，鸡配合饲料中盐酸氯苯胍的有效含量为30～60mg/kg。那么5%肉鸡复合预混合饲料中10%盐酸氯苯胍预混剂的含量应为（30～60g）÷5%÷10%=6 000～12 000mg/kg。

2. 查看产品标签

（1）产品名称应采用通用名称，有商品名称的其字号不能大于通用名称。

（2）饲料生产许可证应现行有效，并与饲料生产许可证标明的编号一致。

（3）产品标准应现行有效，并与所执行产品质量标准的编号（包括标准的代号、顺序号和年代号等）一致。

（4）应标有“本产品符合饲料卫生标准”字样。

（5）产品成分分析保证值的项目和数值应与所执行的产品质量标准一致。

（6）储存条件应与产品质量标准及现场实际情况一致。

添加了允许使用兽药的，应按照《饲料标签》（GB 10648—2013）第1号修改单的要求，根据所添加兽药的类别（抗球虫药、中药、抗球虫药+中药），在产品名称下方以醒目字体标明“本产品含有允许添加的抗球虫类药物”或“本产品含有允许添加的中药类药物”或“本产品含有允许添加的抗球虫和中药类药物”的字样，并与农业农村部公告第246号及后续发布公告等规定的适用动物、有效成分含量、注意事项、休药期等内容一致。马度米星铵预混剂说明书示例见图6-1。添加抗球虫类兽药的产品不规范标签示例见图6-2。

马度米星铵预混剂说明书

兽用非处方药

【兽药名称】
通用名称：马度米星铵预混剂
英文名称：Maduramicin Ammonium Premix
汉语拼音：Madumixing' an Yuhunji

【主要成分】马度米星铵

【药理作用】马度米星铵为一价单糖苷离子载体抗球虫药，抗球虫谱广。对鸡的毒害、巨型、柔嫩、堆型、布氏、变位等艾美耳球虫有高效，而且对其他聚醚类抗球虫药耐药的虫株也有效。马度米星能干扰球虫生活史的早期阶段，即球虫发育的子孢子期和第一代裂殖体，不仅能抑制球虫生长，且能杀灭球虫。马度米星铵给鸡混饲（5mg/kg饲料），在肝、肾、肌肉、皮肤、脂肪等组织中的消除半衰期约24小时。

【作用与用途】抗球虫药。用于预防鸡球虫病。

【用法与用量】以本品计。混饲：每1 000kg饲料，鸡500g。

【不良反应】毒性较大，安全范围窄，较高浓度（7mg/kg饲料）混饲即可引起鸡不同程度的中毒甚至死亡。

【注意事项】（1）可在商品饲料和养殖过程中使用。
（2）蛋鸡产蛋期禁用。
（3）用药时必须精确计量，并使药料充分搅匀，勿随意加大使用浓度。
（4）鸡喂马度米星后的粪便切不可再加工作动物饲料，否则会引起动物中毒，甚至死亡。

【休药期】鸡5日。

【规格】按$C_{47}H_{80}O_{17}$计算1%。

【贮藏】密闭，在干燥处保存。

图6-1 马度米星铵预混剂说明书示例

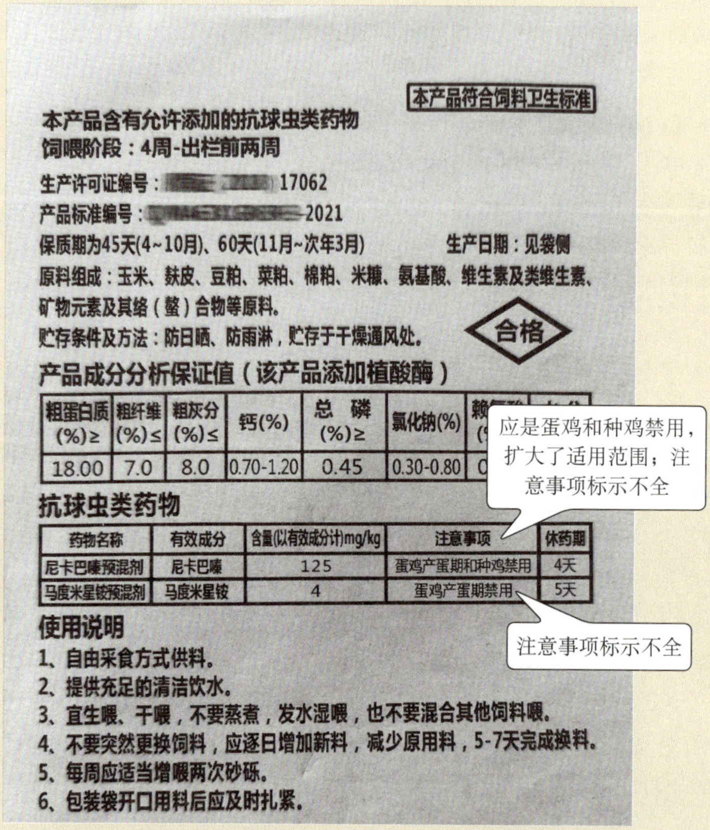

图6-2　添加抗球虫类兽药的产品不规范标签示例

(7) 应有生产日期，且生产日期应与实际生产情况一致，不应超前、延后。

(8) 不应使用虚假、夸大或容易引起误解的表述，或有欺骗性表述。

(9) 不应有预防或治疗动物疾病作用的相关内容。

(10) 委托加工产品，标识内容应符合《饲料和饲料添加剂生产许可管理办法》的规定。

(11) 生产地址、注册地址应与实际情况一致。

(12) 不应与包装物分离，标签有关内容不应被遮掩，不打开包装即可看到完整的标签内容。

(13) 使用罐装车运输的，产品标签应随发货单一起传送，并有记录。

(14) 查看产品成分分析保证值、储存条件等是否与产品质量标准一致。标准与标签分析保证值一致示例见图6-3。

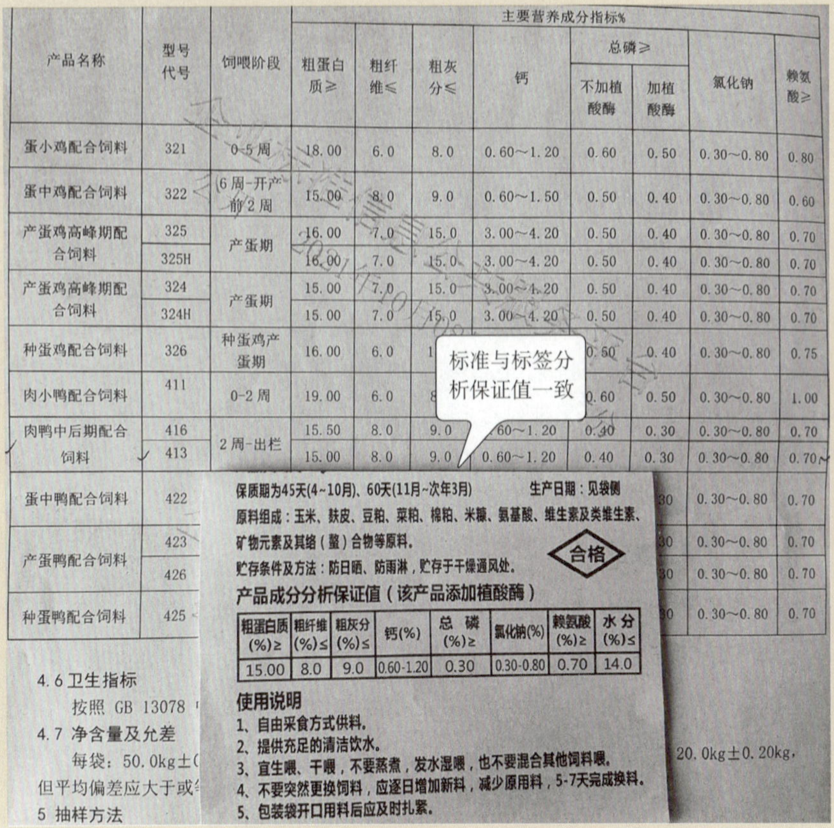

产品名称	型号代号	饲喂阶段	主要营养成分指标%							
			粗蛋白质≥	粗纤维≤	粗灰分≤	钙	总磷≥ 不加植酸酶	总磷≥ 加植酸酶	氯化钠	赖氨酸≥
蛋小鸡配合饲料	321	0-5周	18.00	6.0	8.0	0.60～1.20	0.60	0.50	0.30～0.80	0.80
蛋中鸡配合饲料	322	6周-开产前2周	15.00	8.0	9.0	0.60～1.50	0.50	0.40	0.30～0.80	0.60
产蛋鸡高峰期配合饲料	325	产蛋期	16.00	7.0	15.0	3.00～4.20	0.50	0.40	0.30～0.80	0.70
	325H		16.00	7.0	15.0	3.00～4.20	0.50	0.40	0.30～0.80	0.70
产蛋鸡高峰期配合饲料	324	产蛋期	15.00	7.0	15.0	3.00～4.20	0.50	0.40	0.30～0.80	0.70
	324H		15.00	7.0	15.0	3.00～4.20	0.50	0.40	0.30～0.80	0.70
种蛋鸡配合饲料	326	种蛋鸡产蛋期	16.00	6.0	1		0.50	0.40	0.30～0.80	0.75
肉小鸭配合饲料	411	0-2周	19.00	6.0	8		0.60	0.50	0.30～0.80	1.00
肉鸭中后期配合饲料	416	2周-出栏	15.50	8.0	9.0	60～1.20	0.40	0.30	0.30～0.80	0.70
	413		15.00	8.0	9.0	0.60～1.20	0.40	0.30	0.30～0.80	0.70
蛋中鸭配合饲料	422							30	0.30～0.80	0.70
产蛋鸭配合饲料	423							30	0.30～0.80	0.70
	426							30	0.30～0.80	0.70
种蛋鸭配合饲料	425							30	0.30～0.80	0.70

4.6 卫生指标

按照 GB 13078

4.7 净含量及允差

每袋：50.0kg±(

但平均偏差应大于或

5 抽样方法

20.0kg±0.20kg，

保质期为45天(4~10月)、60天(11月~次年3月) 生产日期：见袋侧

原料组成：玉米、麸皮、豆粕、菜粕、棉粕、米糠、氨基酸、维生素及类维生素、矿物元素及其络（螯）合物等原料。

贮存条件及方法：防日晒、防雨淋，贮存于干燥通风处。

合格

产品成分分析保证值（该产品添加植酸酶）

粗蛋白质(%)≥	粗纤维(%)≤	粗灰分(%)≤	钙(%)	总磷(%)≥	氯化钠(%)	赖氨酸(%)≥	水分(%)≤
15.00	8.0	9.0	0.60-1.20	0.30	0.30-0.80	0.70	14.0

使用说明

1、自由采食方式供料。
2、提供充足的清洁饮水。
3、宜生喂、干喂，不要蒸煮，发水湿喂，也不要混合其他饲料喂。
4、不要突然更换饲料，应逐日增加新料，减少原用料，5-7天完成换料。
5、包装袋开口用料后应及时扎紧。

图6-3 标准与标签分析保证值一致示例

3. 现场查看

（1）在成品库、标签库和打包口检查时，随机抽查3～5张产品标签（添加兽药的标签必须抽查）。在小料配料间、中控室，抽查小料配料单、配方、投料记录等。结合产品质量标准和产品标签，进一步核实配方与产品质量标准、标签的一致性，饲料添加剂、兽用药等不得超量、超范围使用。

（2）现场查看过程中，询问企业技术人员、生产管理人员、仓库管理员等，进一步核实产品质量标准、标签等情况，特别是兽药使用情况等。

（四）常见问题

1. 产品质量标准常见问题

（1）产品质量标准未通过企业标准信息公共服务平台或其他渠道向社会公开。

（2）产品质量标准中的卫生指标不符合《饲料卫生标准》（GB 13078—2017）

的规定。例如，某企业的复合预混合饲料产品质量标准中的氟含量≤1 000mg/kg，而《饲料卫生标准》（GB 13078—2017）中规定氟含量≤800mg/kg。

（3）产品质量标准中技术要求的项目较少，不符合《饲料标签》（GB 10648—2013）规定。例如，《饲料标签》（GB 10648—2013）中规定配合饲料的产品成分分析保证值项目包括粗蛋白质、粗纤维、粗灰分、钙、总磷、氯化钠、水分、氨基酸这些项目，但有的企业配合饲料产品质量标准中的技术要求缺少对氯化钠、氨基酸等项目的规定要求。

（4）添加剂预混合饲料的产品质量标准中，部分技术指标值超出《饲料添加剂安全使用规范》（农业部公告第2625号）最高限量的要求。

示例：按照农业部公告第2625号的规定，仔猪（≤25kg）配合饲料中锌最高限量为≤110mg/kg，那么4%仔猪复合预混合饲料中锌的含量应≤2 750mg/kg(断奶后前两周特定阶段饲料除外)，如果4%仔猪复合预混合饲料（断奶后前两周特定阶段饲料除外）中的锌含量超过2 750mg/kg，则不符合规定。

（5）产品质量标准中个别饲料添加剂的使用超出《饲料添加剂品种目录》和《饲料添加剂安全使用规范》（农业部公告第2625号）等农业农村部相关公告限定的适用动物的范围。

示例：饲料添加剂蛋白锌的适用动物为养殖动物（反刍动物除外），而有的牛羊饲料产品质量标准中标明使用了饲料添加剂蛋白锌。

2. 标签常见问题

（1）在未打开包装的情况下，不能看到标签全部内容。

（2）罐装车运输的饲料产品，未附产品标签。

（3）标签内容和格式不符合《饲料标签》（GB 10648—2013，含第1号修改单）的要求。主要表现如下：商品名称字号大于通用名称；添加抗球虫兽药的产品标签未标明“本产品含有允许添加的抗球虫类药物”等字样，兽药的适用动物、有效成分含量、注意事项以及休药期等内容不符合农业农村部公告第246号及后续发布相关公告的要求；产品成分分析保证值的项目和指标值与产品质量标准不一致等。

（4）标签中标注使用的兽药添加量超过了农业农村部公告第246号及后续发布相关公告规定的限量，或是超出适用动物范围。

二 出厂检验

（一）检查内容与要求

对每批次产品实施出厂检验。

出厂检验记录内容完整、客观。
出厂检验记录至少保存2年。

（二）检查依据

《饲料和饲料添加剂管理条例》第十九条。
《饲料质量安全管理规范》（农业部令2014年第1号）第二十七条。

（三）检查方法和技巧

1.查看某一段时间内的连续出厂检验记录。随机抽查连续一段时间内的出厂检验记录。产品质量标准中规定的出厂检验项目应全部进行检测，并有每一个项目的检测原始记录。

2. 查看出厂检验项目的原始记录

（1）每一项出厂检验项目的原始记录，应包括产品名称或者编号、检验项目、检验方法（如引用国家标准、行业标准等，要求写明具体的标准编号，包括年代号）、计算公式中符号的含义和数值、检验结果、检验日期、检验人（应是检验者本人的签字）等信息。检测原始记录内容应客观、真实。产品出厂检验项目粗蛋白质的检测原始记录示例见图6-4。

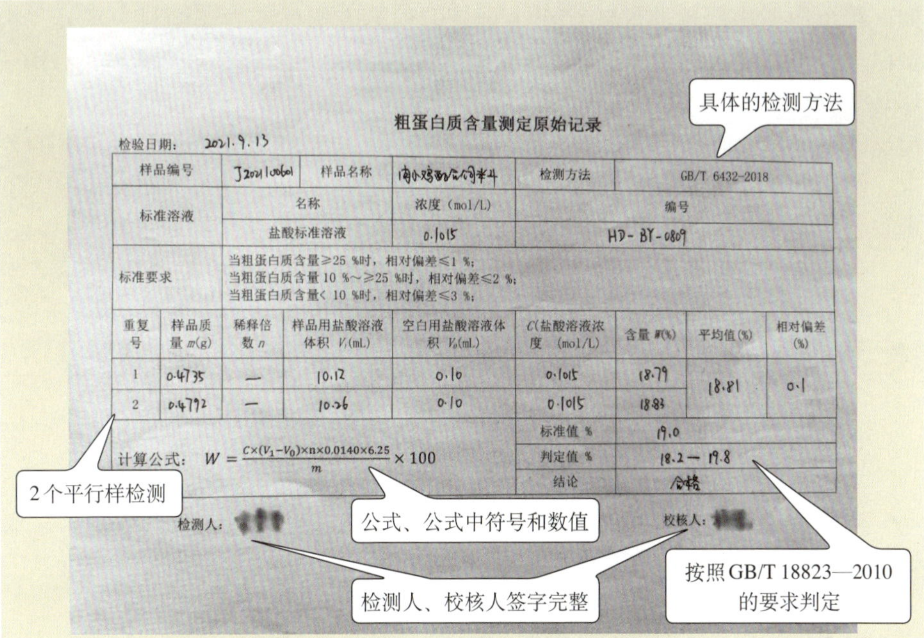

粗蛋白质含量测定原始记录

检验日期：2021.9.13

样品编号	J2021100601		样品名称	肉小鸡配合饲料	检测方法	GB/T 6432-2018		
标准溶液	名称			浓度（mol/L）	编号			
	盐酸标准溶液			0.1015	HD-BY-0809			
标准要求	当粗蛋白质含量≥25 %时，相对偏差≤1 %； 当粗蛋白质含量 10 %~≥25 %时，相对偏差≤2 %； 当粗蛋白质含量< 10 %时，相对偏差≤3 %；							
重复号	样品质量 m(g)	稀释倍数 n	样品用盐酸溶液体积 V_1(mL)	空白用盐酸溶液体积 V_0(mL)	C(盐酸溶液浓度 (mol/L)	含量 W(%)	平均值(%)	相对偏差(%)
1	0.4735	—	10.12	0.10	0.1015	18.79	18.81	0.1
2	0.4792	—	10.26	0.10	0.1015	18.83		
计算公式：$W=\frac{C\times(V_1-V_0)\times n\times 0.0140\times 6.25}{m}\times 100$					标准值 %	19.0		
					判定值 %	18.2—19.8		
					结论	合格		

检测人：　　　　校核人：

图6-4　粗蛋白质的检测原始记录示例

必要时，可追溯检测所用仪器设备的使用记录，如分析天平、分光光度计、液相色谱仪等。仪器设备的使用记录应与检测原始记录中的检测时间、样品名称或编号、检测项目等一致。

（2）出厂检验项目所采用的检测方法应是产品质量标准中规定的方法，且每个项目的检测需做2个平行样。

3.抽查2年内的产品出厂检验记录，应齐全完整、数据真实准确。

4.现场检查

（1）在成品库、留样观察室随机抽取不少于2批次产品，对照其质量标准，查看出厂检验项目，核对出厂检验记录。

（2）现场查看过程中，询问企业技术人员、品管人员等，进一步核实产品出厂检验项目、检验检测等情况。

（四）常见问题

1.出厂检验项目与产品质量标准中的规定不一致。例如，产品质量标准中规定感官、粒度、水分和粗蛋白质为出厂检验项目，但实际检测的项目只有水分，或检测项目为水分、粗蛋白质和钙，没有涵盖产品质量标准中规定的全部检验项目。

2.出厂检验所采用的检测方法标准与产品质量标准中的规定不一致。例如，粗蛋白质出厂检验原始记录上记录的检测方法标准为《饲料中水分、粗蛋白质、粗纤维、粗脂肪、赖氨酸、蛋氨酸快速测定　近红外光谱法》（GB/T 18868—2002），但产品质量标准中并未引用该方法。

3.出厂检验原始记录中信息不全，不符合《饲料质量安全管理规范》的要求。例如，缺少具体检测方法标准、计算公式中符号和含义未标明、检验人员未签字等。

4.未做到每批次产品都进行出厂检验。

三 定期检验

（一）检查内容与要求

按规定进行主成分指标定期检验，主成分指标检验项目符合要求，主成分指标定期检验应在企业实验室进行检验。

主成分指标检验记录信息完整、客观。

主成分指标检验记录至少保存2年。

（二）检查依据

《饲料质量安全管理规范》（农业部令2014年第1号）第二十八条。

（三）检查方法和技巧

1.随机抽查不少于2周的定期检验记录，每周定期检验应不低于5个批次。定期检验应在企业实验室进行，不得委托检验。检测项目应符合如下要求：

（1）维生素预混合饲料：2种以上维生素。

（2）微量元素预混合饲料：2种以上微量元素。

（3）复合预混合饲料：2种以上维生素和2种以上微量元素。

（4）浓缩饲料、配合饲料、精料补充料：粗蛋白质、粗灰分、钙、总磷。

对于产品比较单一的企业，如1周内生产同一个产品，需要抽取5个不同批次进行检验。对于出厂检验项目已经涵盖定期检验项目的，不再要求进行定期检验。

2.定期检验记录应包括产品名称或者编号、检验项目、检验方法、计算公式中符号的含义和数值、检验结果、检验日期、检验人等信息。记录内容客观、真实。对于维生素、微量元素的检测记录，必要时可通过核查其标准溶液的配制记录、使用情况，以及所用仪器设备的记录和检测图谱等进一步确认核实。

3.抽查2年内的产品定期检验记录，应齐全完整，数据真实准确。

（四）常见问题

1.每周定期检验少于5批次，不满足《饲料质量安全管理规范》的要求。

2.定期检验的项目不符合《饲料质量安全管理规范》的要求。例如，配合饲料未对粗灰分进行定期检验，复合预混合饲料只对2种维生素进行了检验等。

3.定期检验原始记录中信息不全，不符合《饲料质量安全管理规范》的要求。例如，缺少检测项目的具体检测方法、计算公式中符号和含义未标明、检验人员未签字等。

四 留样观察

（一）检查内容与要求

有留样观察室和满足储存要求的样品柜。

每批次产品实施留样观察并记录。

（二）检查依据

《饲料和饲料添加剂管理条例》第十八条。
《饲料质量安全管理规范》（农业部令2014年第1号）第三十二条。
《饲料生产企业许可条件》（农业部公告第1849号）第二十一条。

（三）检查方法和技巧

1. 查看留样观察室。应独立，不应与其他功能间共用，不应存放其他无关物品，面积大小与生产规模相匹配，密封性良好。如同时生产需要常温、阴凉或避光存放的产品，则应同时配备常温留样室和阴凉留样室，且具备避光要求。

2. 查看留样柜。应与生产规模和留样数量相匹配，满足留样储存要求，且方便样品的存放、查找和日常观察。

3. 查看留样观察记录。根据留样观察制度要求，每批次产品均应留样，并定期进行观察、记录。

4. 留样观察记录的内容，应包括产品名称或编号、产品生产日期或批号、保质期截止日期、观察内容（如形状、色泽、气味、结块、虫蛀、沉淀、分层、絮状物、浑浊等）、异常情况描述、处置方式、处置结果、观察日期、观察人等信息。记录内容应完整。

5. 现场检查

（1）在成品库检查时，随机抽取2个以上的产品及其标签，在留样观察室随机抽取2 ～ 3种留样样品，逐一查看其留样观察记录的规范性、完整性和真实性。核查现场存放环境条件应与产品标签和企业产品质量标准一致。

（2）与留样观察人员及相关人员沟通，核实其留样观察工作开展情况。留样柜内样品存放示例见图6-5，留样观察记录示例见图6-6。

图6-5　留样柜内样品存放示例

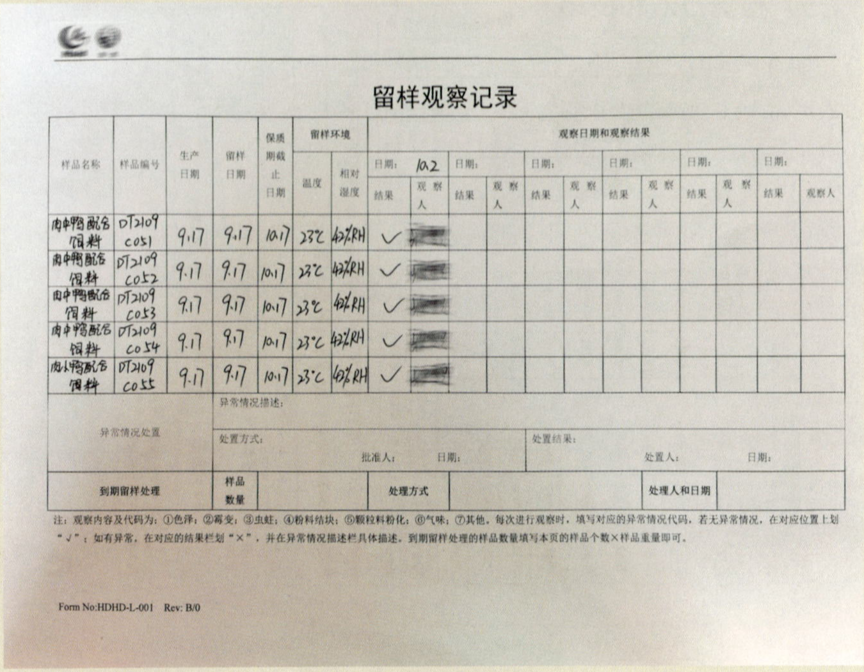

留样观察记录

样品名称	样品编号	生产日期	留样日期	保质期截止日期	留样环境		观察日期和观察结果											
					温度	相对湿度	日期：10.2		日期：		日期：		日期：		日期：		日期：	
							结果	观察人	结果	观察人	结果	观察人	结果	观察人	结果	观察人	结果	观察人
肉中鸭配合饲料	DT2109C051	9.17	9.17	10.17	23℃	42%RH	√	[redacted]										
肉中鸭配合饲料	DT2109C052	9.17	9.17	10.17	23℃	43%RH	√	[redacted]										
肉中鸭配合饲料	DT2109C053	9.17	9.17	10.17	23℃	42%RH	√	[redacted]										
肉中鸭配合饲料	DT2109C054	9.17	9.17	10.17	23℃	43%RH	√	[redacted]										
肉小鸭配合饲料	DT2109C055	9.17	9.17	10.17	23℃	43%RH	√	[redacted]										

异常情况处置	异常情况描述：	
	处置方式： 批准人：　日期：	处置结果： 处置人：　日期：

到期留样处理	样品数量		处理方式		处理人和日期	

注：观察内容及代码为：①色泽；②霉变；③虫蛀；④粉料结块；⑤颗粒料粉化；⑥气味；⑦其他。每次进行观察时，填写对应的异常情况代码，若无异常情况，在对应位置上划"√"；如有异常，在对应的结果栏划"×"，并在异常情况描述栏具体描述。到期留样处理的样品数量填写本页的样品个数×样品重量即可。

Form No:HDHD-L-001　Rev: B/0

图6-6　留样观察记录示例

（四）常见问题

1. 留样观察室不独立，与其他功能间混用，或存放无关物品。
2. 留样柜数量和空间与实际生产规模不匹配。
3. 无需阴凉储存产品的阴凉留样室。
4. 留样观察记录内容信息不完整。

五 产品销售

（一）检查内容与要求

销售台账信息齐全，保存期限为2年。

（二）检查依据

《饲料和饲料添加剂管理条例》第十九条。

《饲料质量安全管理规范》（农业部令2014年第1号）第三十七条。

（三）检查方法和技巧

1.抽查2年内产品销售台账。记录内容应齐全完整、客观真实。

2.产品销售台账记录内容应包括产品的名称、数量、生产日期、生产批次、质量检验信息、购货者名称及其联系方式、销售日期等。

3.现场检查

在成品库随机抽取不少于2批次产品，在留样观察室随机抽取不少于2批留样，从销售台账中随机抽查2 ～ 3批产品，核查追溯其销售台账。产品销售台账示例见图6-7。

产品销售记录

产品名称/代号	产品数量	生产日期	生产批次	检验信息	购买者	电话	销售日期	信息反馈
551	551　10包	210911	21091101	合格	刘[illegible]	80[illegible]891	20210914	551过渡
552	552、20包	210912	21091201	合格				
552	2吨	210912	21091201	合格	曹[illegible]	137[illegible]8201	20210914	
982	2吨	210904	21090401	合格	刘[illegible]	82[illegible]04	20210914	
1202	10包	210906	21090601	合格	张[illegible]	138[illegible]3289	20210914	
1206	1吨	210908	21090801	合格	田[illegible]	151[illegible]7430	20210914	
551	1吨	210911	21091101	合格	杨[illegible]	159[illegible]8522	20210914	
552	2吨	210912	21091201	合格	赵[illegible]	85[illegible]81	20210914	刚开始使用
982	5包	210904	21090401	合格	李[illegible]	189[illegible]4211	20210914	
552	20包	210912	21091201	合格	胡[illegible]	138[illegible]2451	20210914	

图6-7　产品销售台账示例

（四）常见问题

1.销售台账记录内容不完整，如缺少产品的生产日期和批号、无检验信息等。

2.销售台账保存期限不足2年。

APPENDIX 附 录

附录1 饲料厂常用安全标志分类示例

一 厂区电力常用安全标志

二 消防安全常用标志

三 检验化验室常用安全标志

四 生产车间常用安全标志

五 厂区常用交通指示标志

六 原料库常用安全标志

七 添加剂预混合饲料车间常用安全标志

八 维修车间常用安全标志

九 办公区 宿舍常用安全标志

附录2 部分饲料添加剂现行有效标准目录

序号	标准编号	标准名称
1	GB 22549—2017	饲料添加剂 磷酸氢钙
2	GB/T 23880—2009	饲料添加剂 氯化钠
3	GB 34466—2017	饲料添加剂 L-赖氨酸盐酸盐
4	GB 34462—2017	饲料添加剂 氯化胆碱
5	GB 9840—2017	饲料添加剂 维生素D_3（微粒）
6	GB 22548—2017	饲料添加剂 磷酸二氢钙
7	GB/T 23878—2009	饲料添加剂 大豆磷脂
8	GB 34459—2017	饲料添加剂 硫酸铜
9	GB/T 25865—2010	饲料添加剂 硫酸锌
10	GB 34465—2017	饲料添加剂 硫酸亚铁
11	GB/T 7292—1999	饲料添加剂 维生素A乙酸酯微粒
12	GB 7293—2017	饲料添加剂 DL-α-生育酚乙酸酯(粉)
13	GB/T 7299—2006	饲料添加剂 D-泛酸钙
14	GB 34468—2017	饲料添加剂 硫酸锰
15	GB/T 9841—2006	饲料添加剂 维生素B_{12}(氰钴胺)粉剂
16	GB 32449—2015	饲料添加剂 硫酸镁
17	GB 7294—2017	饲料添加剂 亚硫酸氢钠甲萘醌(维生素K_3)
18	GB 7301—2017	饲料添加剂 烟酰胺
19	GB/T 25735—2010	饲料添加剂 L-色氨酸
20	GB/T 7297—2006	饲料添加剂 维生素B_2（核黄素）
21	GB 7298—2017	饲料添加剂 维生素B_6（盐酸吡哆醇）
22	GB/T 23747—2009	饲料添加剂 低聚木糖
23	GB/T 21517—2008	饲料添加剂 叶黄素
24	GB 9454—2017	饲料添加剂 DL-α-生育酚乙酸酯
25	GB/T 21996—2008	饲料添加剂 甘氨酸铁络合物
26	GB/T 23180—2008	饲料添加剂 2% d-生物素
27	GB/T 18632—2010	饲料添加剂 80%核黄素(维生素B_2)微粒
28	GB/T 23745—2009	饲料添加剂 10%虾青素
29	GB/T 27984—2011	饲料添加剂 丁酸钠

（续）

序号	标准编号	标准名称
30	GB 7300—2017	饲料添加剂　烟酸
31	GB/T 27983—2011	饲料添加剂　富马酸亚铁
32	GB/T 21696—2008	饲料添加剂　碱式氯化铜
33	GB 7300.101—2019	饲料添加剂　第1部分：氨基酸、氨基酸盐及其类似物　L-苏氨酸
34	GB 7300.201—2019	饲料添加剂　第2部分：维生素及类维生素　L-抗坏血酸-2-磷酸酯盐
35	GB/T 23879—2009	饲料添加剂　肌醇
36	GB 23386—2017	饲料添加剂　维生素A棕榈酸酯（粉）
37	GB/T 25247—2010	饲料添加剂　糖萜素
38	GB 21694—2017	饲料添加剂　蛋氨酸锌络（螯）合物
39	GB/T 22145—2008	饲料添加剂　丙酸
40	GB 34470—2017	饲料添加剂　磷酸二氢钾
41	GB 34467—2017	饲料添加剂　柠檬酸钙
42	GB 34469—2017	饲料添加剂　β-胡萝卜素(化学合成)
43	GB 20802—2017	饲料添加剂　蛋氨酸铜络（螯）合物
44	GB 21034—2017	饲料添加剂　蛋氨酸羟基类似物钙盐
45	GB/T 24832—2009	饲料添加剂　半胱胺盐酸盐 β 环糊精微粒
46	GB 22489—2017	饲料添加剂　蛋氨酸锰络（螯）合物
47	GB/T 9455—2009	饲料添加剂　维生素AD_3微粒
48	GB 34457—2017	饲料添加剂　磷酸三钙
49	GB 34460—2017	饲料添加剂　L-抗坏血酸钠
50	GB 34458—2017	饲料添加剂　磷酸氢二钾
51	GB/T 22546—2008	饲料添加剂　碱式氯化锌
52	GB/T 23876—2009	饲料添加剂　L-肉碱盐酸盐
53	GB/T 25174—2010	饲料添加剂　4′,7-二羟基异黄酮
54	GB 34456—2017	饲料添加剂　磷酸二氢钠
55	GB/T 26442—2010	饲料添加剂　亚硫酸氢烟酰胺甲萘醌
56	GB 34461—2017	饲料添加剂　L-肉碱
57	GB 7300.401—2019	饲料添加剂　第4部分：酶制剂　木聚糖酶
58	GB/T 23735—2009	饲料添加剂　乳酸锌
59	GB 7300.302—2019	饲料添加剂　第3部分：矿物元素及其络(螯)合物　亚硒酸钠

（续）

序号	标准编号	标准名称
60	GB 7300.801—2019	饲料添加剂　第8部分：防腐剂、防霉剂和酸度调节剂　碳酸氢钠
61	GB/T 21516—2008	饲料添加剂　10% β-阿朴-8′-胡萝卜素酸乙酯（粉剂）
62	GB 7300.204—2019	饲料添加剂　第2部分：维生素及类维生素　甜菜碱盐酸盐
63	GB 7300.901—2019	饲料添加剂　第9部分：着色剂　β-胡萝卜素粉
64	GB/T 26441—2010	饲料添加剂　没食子酸丙酯
65	GB 7300.202—2019	饲料添加剂　第2部分：维生素及类维生素　维生素D_3油
66	GB 7300.102—2019	饲料添加剂　第1部分：氨基酸、氨基酸盐及其类似物甘氨酸
67	GB 34463—2017	饲料添加剂　L-抗坏血酸钙
68	GB 7300.301—2019	饲料添加剂　第3部分：矿物元素及其络(螯)合物　碘化钾
69	GB 34464—2017	饲料添加剂　二甲基嘧啶醇亚硫酸甲萘醌
70	GB 7300.402—2020	饲料添加剂　第4部分：酶制剂植酸酶
71	GB 7300.1001—2020	饲料添加剂　第10部分：调味和诱食物质　谷氨酸钠
72	GB 7300.902—2022	饲料添加剂　第9部分：着色剂 β，β-胡萝卜素-4，4-二酮（斑蝥黄）
73	GB 7300.501—2021	饲料添加剂　第5部分：微生物　酿酒酵母
74	GB 7300.1002—2022	饲料添加剂　第10部分：调味和诱食物质大蒜素
75	GB 7303—2018	饲料添加剂　L-抗坏血酸（维生素C）
76	GB 7302—2018	饲料添加剂　叶酸
77	GB 7296—2018	饲料添加剂　硝酸硫胺　（维生素B_1）
78	GB 7295—2018	饲料添加剂　盐酸硫胺　（维生素B_1）
79	GB 36898—2018	饲料添加剂　D-生物素
80	GB 36897—2018	饲料添加剂　L-精氨酸
81	GB 7300.203—2020	饲料添加剂　第2部分：维生素及类维生素　甜菜碱
82	GB 7300.103—2020	饲料添加剂　第1部分：氨基酸、氨基酸盐及其类似物蛋氨酸羟基类似物
83	GB 7300.601—2020	饲料添加剂　第6部分：非蛋白氮　尿素

（续）

序号	标准编号	标准名称
84	NY/T 3971—2021	饲料添加剂　二丁基羟基甲苯
85	NY/T 1462—2007	饲料添加剂　β-阿朴-8′-胡萝卜素醛（粉剂）
86	NY/T 916—2004	饲料添加剂　吡啶甲酸铬
87	NY/T 2131—2012	饲料添加剂　枯草芽孢杆菌
88	NY/T 1447—2007	饲料添加剂　苯甲酸
89	NY/T 1246—2006	饲料添加剂　维生素 D_3（胆钙化醇）油
90	NY/T 1969—2010	饲料添加剂　产朊假丝酵母
91	NY/T 1028—2006	饲料添加剂　左旋肉碱
92	NY/T 1498—2008	饲料添加剂　蛋氨酸铁
93	NY/T 1497—2007	饲料添加剂　大蒜素（粉剂）
94	NYSL—1001—2022	饲料添加剂　鞣酸蛋白
95	NYSL—1004—2022	饲料添加剂　枯草三十七肽
96	NYSL—1008—2022	饲料添加剂　丙酸铬
97	NYSL—1003—2022	饲料添加剂　万寿菊提取物(有效成分为哆皮万寿菊素)
98	NYSL—1005—2022	饲料添加剂　腺苷七肽
99	NYSL—1002—2022	饲料添加剂　三丁酸甘油酯
100	NY/T 1444—2007	微生物饲料添加剂技术通则
101	GB/T 22142—2008	饲料添加剂　有机酸通用要求
102	GB/T 22143—2008	饲料添加剂　无机酸通用要求
103	GB/T 21543—2021	饲料添加剂　调味剂　通用要求
104	GB/T 22141—2018	混合型饲料添加剂酸化剂通用要求
105	GB/T 36863—2018	混合型饲料添加剂防霉剂通用要求
106	GB 7300.503—2023	饲料添加剂　第5部分：微生物　屎肠球菌
107	GB 7300.504—2023	饲料添加剂　第5部分：微生物　嗜酸乳杆菌
108	GB 7300.502—2023	饲料添加剂　第5部分：微生物　植物乳杆菌
109	GB 7300.104—2022	饲料添加剂　第1部分：氨基酸、氨基酸盐及其类似物　L-缬氨酸
110	GB 7300.403—2022	饲料添加剂　第4部分：酶制剂　纤维素酶
111	GB 7300.303—2022	饲料添加剂　第3部分：矿物元素及其络(螯)合物　碘酸钾
112	NYSL—1002—2023	饲料添加剂　红三叶草提取物(有效成分为刺芒柄花素、鹰嘴豆芽素A)

附录3 部分饲料原料现行有效标准目录

序号	标准编号	标准名称
1	NY/T 1580—2007	饲料稻
2	NY/T 1748—2009	饲用甜菜
3	NY/T 3135—2017	饲料原料 干啤酒糟
4	NY/T 3315—2018	饲料原料 骨源磷酸氢钙
5	NY/T 3316—2018	饲料原料 酿酒酵母提取物
6	NY/T 3317—2018	饲料原料 甜菜粕颗粒
7	NY/T 3476—2019	饲料原料 甘蔗糖蜜
8	NY/T 3477—2019	饲料原料 酿酒酵母细胞壁
9	SC/T 3504—2006	饲料用鱼油
10	GB/T 19164—2021	饲料原料 鱼粉
11	GB/T 19541—2017	饲料原料 豆粕
12	GB/T 19424—2018	天然植物饲料原料通用要求
13	GB/T 20411—2006	饲料用大豆
14	GB/T 36860—2018	饲料原料 干黄酒糟
15	GB/T 33914—2017	饲料原料 喷雾干燥猪血浆蛋白粉
16	GB/T 25866—2010	玉米干全酒糟（玉米DDGS）
17	GB/T 21695—2008	饲料级 沸石粉
18	GB/T 21264—2007	饲料用棉籽粕
19	GB/T 23736—2009	饲料用菜籽粕
20	GB/T 40848—2021	饲料原料 压片玉米
21	GB/T 40154—2021	饲料原料 棉籽蛋白
22	NY/T 3656—2020	饲料原料 葡萄糖胺盐酸盐
23	NY/T 216—2023	饲料原料 亚麻籽饼
24	NY/T 130—2023	饲料原料 大豆饼
25	NY/T 129—2023	饲料原料 棉籽饼
26	NY/T 4269—2023	饲料原料 膨化大豆
27	NY/T 211—2023	饲料原料 小麦次粉

（续）

序号	标准编号	标准名称
28	NY/T 116—2023	饲料原料　稻谷
29	NY/T 915—2017	饲料原料　水解羽毛粉
30	NY/T 124—2019	饲料原料　米糠粕
31	NY/T 132—2019	饲料原料　花生饼
32	NY/T 123—2019	饲料原料　米糠饼
33	NY/T 3970—2021	饲料原料　啤酒酵母粉
34	NY/T 4120—2022	饲料原料　腐植酸钠
35	NY/T 4122—2022	饲料原料　鸡蛋清粉
36	NY/T 2218—2022	饲料原料　发酵豆粕
37	NY/T 3969—2021	饲料原料　鸡肉粉
38	NY/T 4121—2022	饲料原料　玉米胚芽粕
39	NY/T 4123—2022	饲料原料　甜菜糖蜜
40	NY/T 117—2021	饲料原料　小麦
41	NY/T 212—2021	饲料原料　碎米
42	NY/T 3878—2021	饲料原料　喷浆玉米皮
43	NY/T 118—2021	饲料原料　皮大麦
44	NY/T 115—2021	饲料原料　高粱
45	NY/T 119—2021	饲料原料　小麦麸
46	NY/T 1563—2007	饲料级　乳清粉
47	GB/T 17890—2008	饲料用玉米
48	NY/T 120—2014	饲料用木薯干
49	NY/T 217—1992	饲料用亚麻仁粕
50	NY/T 215—1992	饲料用胡麻籽粕